LE POULPE ET L'ABEILLE

Un abécédaire de la librairie

préface de
Jean-Marie Laclavetine

textes de
David Devermelle, Aurélie Guiot,
Laurine Le Dûs, Soledad Lozano,
Caroline Meneghetti
et Jean-Christophe Millois
de L'École de la librairie

Gallimard

Tous les mots et tous les mondes

Jean-Marie Laclavetine

La boutique à la devanture délavée sent le livre neuf et le parquet ciré. J'y pénètre dès que possible au retour du collège. Le buste de la libraire, surmonté d'une mise en plis mauve, semble posé à côté de la caisse enregistreuse sur le plateau de bois encombré de livres, de factures, de tampons, de crayons. Tout autour s'alignent les rayonnages en bois sombre chargés de trésors.

Ce lieu est mon logis, ma demeure, mon antre, mon coffre à secrets, mon eldorado.

J'avance sur le parquet grinçant, entre les murailles de livres dressées comme les flots ouverts de la mer Rouge. J'entends les cris des mousquetaires, les chants des Mohicans, le ruissellement du vent sur la soie du ballon de Phileas Fogg, le fracas des houles contre la coque du voilier de Surcouf, les feulements de Louison, l'impayable tigre du capitaine Corcoran, les roulements des tambours au pied de l'échafaud où monte le Mouron Rouge, le crépitement du feu que contemple Noah au seuil de sa grotte. J'avance sans peur, je sais que mon plaisir n'aura pas de fin. La petite librairie n'est pas bien riche, pourtant, mais elle me semble immense, et il me suffit de détailler la rangée de Victor Hugo qu'il me reste à découvrir : des heures et des jours de solitude enchantée. *Han d'Islande*, *Les Travailleurs de la mer*, *L'Homme qui rit*, *Quatre-vingt-treize*...

Elle me laisse feuilleter les livres, m'en prête certains à condition que j'en prenne grand soin. J'en achète parfois, quand mes économies le permettent. Le retour à la maison est alors triomphal, livres serrés contre ma poitrine dans leur emballage de papier blanc.

Victor Hugo, Jules Verne et surtout Alexandre Dumas m'offriront ma plus enivrante aventure de lecteur : une orgie à demi licite, car le vice impuni dont parle Valery Larbaud est encore à l'époque considéré comme une maladie honteuse, une menace, un danger. Roger Grenier raconte que, lorsqu'il était enfant, sa mère affolée de voir son fils dévorer livre après livre, suspectant sans doute une sorte d'envoûtement, l'amena un jour chez un psychiatre de Bordeaux dans l'espoir que celui-ci le délivre du maléfice.

Il est vrai que le réel paraît bien désolant quand on a encore dans les narines le parfum de Melle de La Vallière alors qu'il faut s'atteler à un exercice d'algèbre ou à une révision de physique-chimie. C'est dans cette librairie que j'ai découvert le pouvoir d'enchantement de la littérature, sa force de vérité. Cette sensation ne m'a plus quitté, j'ai continué de la chercher et de la susciter durant toute ma vie. En lisant, en écrivant.

J'ai connu bien des librairies par la suite, beaucoup plus grandes, plus riches, plus imposantes. Mais celle-ci, modeste et peu fréquentée, reste la plus merveilleuse, de celles dont Henry Miller déclare qu'en y pénétrant on a le sentiment d'avoir pris un billet pour le paradis.

La librairie est le plus grand lieu de plaisir qui soit. Les objets de nos convoitises y sont directement offerts au regard, on peut les saisir, les humer, les feuilleter, les poser, les reprendre, et même ressortir sans avoir rien acheté, marcher dans la rue avec autour de soi un nuage de mots qui volettent comme des papillons. On n'avait pas le temps de traîner, cette fois, mais on reviendra un autre jour pour acquérir ce volume de Pessoa qui nous a fait de l'œil, ce roman de Paasilinna qui semble si drôle, le dernier Houellebecq pour comprendre enfin ce que les gens lui trouvent, celui de Bolaño parce qu'on n'épuise pas son mystère, ou un roman de McEwan parce qu'avec lui on est certain de ne pas être déçu.

Je me souviens d'une nouvelle racontant l'histoire d'un employé de bureau qui, chaque jour, en sortant du travail, comme il dispose de dix ou quinze minutes avant le départ de son train de banlieue, se rend à la librairie de La Samaritaine pour y lire *L'Homme sans qualités*. À raison de quelques pages par jour, il le dévore consciencieusement et repose le livre sur son étagère après chaque visite, non sans y avoir glissé un marque-page afin de ne pas perdre de temps le lendemain. Il sort en adressant un sourire à la caissière complice. Sa hantise est que quelqu'un finisse par acheter l'ouvrage avant qu'il ait pu le terminer, mais il espère que la taille et la réputation de difficulté du chef-d'œuvre éloigneront la clientèle.

Dans les livres, on ne trouve pas seulement l'amour et ses récits. On y trouve aussi des idées, des archives, du social pur et dur, des sciences, des religions, des philosophies, de la cuisine ou des voyages : tous les mots et tous les mondes sont présents dans chaque librairie, tout l'univers rassemblé par la magie d'un peu d'encre tombée sur du papier.

Les mots cheminent en tous sens, ils s'agglutinent en phrases et en chapitres, perlent sur des pages blanches dans la solitude d'une chambre de Montélimar ou de Manhattan, finissent par former des manuscrits qui feront l'objet de multiples lectures chez l'éditeur, de discussions, de négociations. Ils seront peignés par un préparateur, rhabillés avec soin par une correctrice avec le concours de typographes assermentés, relus tendrement par leur auteur, expédiés dans toutes les librairies de France et au-delà. Des représentants enthousiastes auront auparavant préparé les libraires à leur réception, les libraires eux-mêmes attireront l'attention de leurs clients sur eux. Entretemps, des critiques littéraires auront reçu les épreuves, les romans seront couverts d'éloges ou consciencieusement massacrés, à moins qu'ils ne subissent l'épreuve atroce du silence indifférent, bref les mots qui avaient éclos nus et fragiles dans la pénombre solitaire vont se retrouver en pleine lumière, dans le flot de la vie. Tel roman, qui avait été écrit dans la ferveur d'une grande histoire d'amour, sera lu sur une table de cuisine par une femme abandonnée. Tel autre, plein de fureur et de fracas, éveillera chez un lecteur des rêves de départ.
Chaque volume est une aventure dont les libraires, qui les dispersent à tout vent, sont des acteurs essentiels. On retrouve les livres dans les chambres à coucher, ils se passent de main en main, font l'objet de discussions enflammées à des heures tardives aux tablées des copains. Le temps passe, mais il ne les use pas, ne les fait pas vieillir. Parfois, ils sont réédités ; on les retrouve alors sur les étagères d'une petite librairie de quartier où un adolescent s'avance, émerveillé, entre les rayonnages.

Atmosphère

Milieu dans lequel on vit, considéré par rapport
à l'influence qu'il exerce sur les êtres qui y évoluent ;
climat, ambiance.

L'atmosphère que perçoit un client en franchissant le seuil d'une librairie est avant tout le résultat d'un travail minutieux, destiné à renforcer l'attractivité commerciale du point de vente. Dans une librairie comme dans tout commerce, on n'a pas deux fois l'occasion de faire bonne impression.

Ce travail passe d'abord par l'élaboration d'un parcours d'achat. Il s'agit d'un ensemble de dispositifs conçus pour répondre au mieux aux besoins et aux attentes du client, tout en favorisant les ventes. Pensé avant l'entrée dans le magasin, il se prolonge après la sortie, par le souvenir que l'on en garde.

Ce parcours débute dans la rue : un passant interrompt sa marche, car un livre en vitrine a piqué sa curiosité. Pour le libraire, c'est déjà une petite victoire, qui ne doit rien au hasard. Le rôle d'une vitrine est de capter l'attention par son impact visuel, son choix de livres et de thématiques. Généralement anticipée par trimestre, celle-ci nécessite de réaliser une sélection de titres, d'aménager l'espace de manière esthétique et créative, et de faire passer un message. Une véritable mise en scène, dont l'enjeu principal est de donner envie de pousser la porte – en plus d'offrir un aperçu immédiat de l'identité de la librairie.

Une fois à l'intérieur, le passant devient un potentiel client. Il découvre l'atmosphère du lieu, l'organisation et le mobilier, l'éclairage et la signalétique*, les formes et les couleurs... En la matière, tout est permis : canapé au rayon littérature, cabane au rayon jeunesse... Autant de signaux qui le feront s'y sentir le bienvenu.

Près de l'entrée, le client retrouve à portée de main, sur une table, le livre repéré en devanture : la première promesse est tenue. Comme la vitrine, les tables doivent refléter l'identité de la librairie et susciter la curiosité. Renouvelée fréquemment, leur composition est un enjeu stratégique impliquant une parfaite connaissance des attentes de la clientèle comme de la production éditoriale. Les tables constituent aussi des jalons décisifs dans le parcours du client, l'incitant à découvrir les autres ouvrages et à circuler de rayon en rayon, d'univers en univers, d'atmosphère en atmosphère.

Cette notion de parcours client vaut pour tous les commerces – pensons à la circulation balisée à l'extrême d'une célèbre enseigne de meubles suédois, à celle d'une pharmacie ou d'une épicerie de quartier. En librairie, on distingue plusieurs « zones » : la zone d'appel (avant de la boutique), la zone de choix (au centre), la zone de besoin (au fond), la zone d'échange (caisse). Elles sont dites « chaudes » si elles sont un lieu de passage obligé ou « froides » si le passage n'y est qu'éventuel, au fond du magasin ou à l'étage par exemple. Il est cependant possible de « réchauffer » ces dernières, ou du moins leur atmosphère, en leur affectant la jeunesse, le rayon « chaud » par excellence !

Au-delà de ces principes essentiels, c'est d'abord l'objet livre lui-même qui installe l'atmosphère.

*

Les mots suivis d'un astérisque figurent dans le glossaire p. 115-119

Bagage

Ensemble des connaissances, des expériences acquises par quelqu'un.

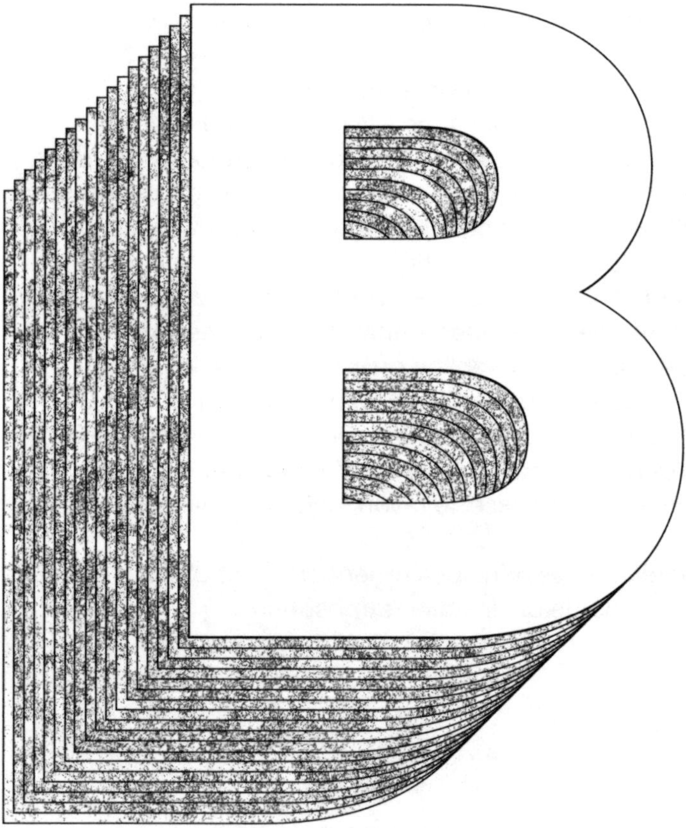

Quels sont les prérequis pour devenir libraire ? Dans l'idée que l'on se fait le plus souvent de ce métier, une solide culture générale et la passion des livres sont les compétences évidentes. Cette représentation est toutefois incomplète. Il convient d'ajouter les compétences relationnelles (l'accueil de la clientèle, les contacts avec les différents interlocuteurs locaux, les relations tissées avec les autres professionnels du livre) ou techniques (la manutention, l'utilisation des outils de gestion et de communication, la mise en scène du magasin, les coups de cœur). Ces compétences, qui s'acquièrent et s'approfondissent au fil du temps, requièrent un apprentissage rigoureux et souvent long. Pour répondre à ces exigences, plusieurs établissements (CFA, IUT, universités) proposent des formations* diplômantes, telles que le brevet professionnel libraire, la licence professionnelle et le master des métiers* du livre.

Pourtant, une interrogation demeure : a-t-on vraiment besoin d'être formé pour devenir libraire ? Légitime, cette question est motivée par deux raisons.

L'une est liée à l'histoire du métier. Avant la généralisation des formations susmentionnées, le libraire était souvent un étudiant en lettres ou en sciences humaines qui effectuait d'abord des remplacements en magasin, avant de décrocher son premier contrat à durée (in)déterminée. De nombreux professionnels ayant emprunté cette voie occupent désormais des postes à responsabilités et incarnent l'excellence de la profession.

L'autre raison est institutionnelle, puisque aucun diplôme n'est requis pour exercer ce métier – cela contribue sans doute à la méconnaissance qu'a le public des exigences de la librairie d'aujourd'hui, des multiples fonctions que remplit un libraire au quotidien et de la diversité des savoirs qu'implique toute vente de livre. Dans le contexte actuel, il est pourtant quasi inconcevable d'envoyer sa candidature sans avoir suivi de formation spécialisée, tant pour les jeunes entrant dans la vie active que pour les personnes en reconversion professionnelle. En réalité, il s'agit d'une obligation implicite.

Pour un aspirant libraire, posséder la solide culture générale évoquée plus haut est une condition nécessaire, mais pas suffisante. Si l'on prend l'exemple de la littérature, le périmètre des connaissances indispensables en librairie s'étend bien au-delà du corpus étudié au lycée ou à l'université. Les chiffres du marché du livre sont éloquents : les ventes regroupées dans la catégorie « œuvres classiques » ne représentent que cinq pour cent environ de l'ensemble des ventes en littérature, quand celles de la catégorie « contemporains » en totalisent plus de cinquante pour cent. Encore faut-il préciser que ne sont pas pris en considération les genres tels que le roman policier ou la science-fiction.

Ces statistiques indiquent le type de valeur ajoutée que les libraires peuvent apporter à leur clientèle. S'agissant des classiques, ils seront en mesure d'identifier, par exemple, une traduction de Shakespeare ou une édition de la *Recherche du temps perdu* faisant autorité. S'agissant des contemporains, ils sauront choisir au sein d'une offre abondante, renouvelée en permanence ; mieux encore, ils sauront conseiller*. Ces statistiques renseignent également sur la structure d'une grande partie de l'activité de chaque libraire : la connaissance profonde des catalogues des éditeurs et des nouveautés hebdomadaires. Du reste, si la littérature constitue le premier segment du chiffre d'affaires de l'édition (notamment grâce à son secteur phare, le roman contemporain), elle ne correspond qu'à un quart environ des ventes de livres en France. Les trois quarts des ventes sont réalisées en bande dessinée, en jeunesse, en sciences humaines, en pratique ou encore en beaux-arts. Quant à leurs parts de marché, ces secteurs si différents les uns des autres, mais aux frontières poreuses, forment un peloton serré. Témoignant de la variété des centres d'intérêt de la clientèle, leur vitalité rejaillit nécessairement sur l'activité quotidienne des libraires : en une même journée, ils passent d'un rayon à un autre, s'adaptent aux différents profils de clients, répondent à tous types de questions. Bref, ce sont des professionnels polyvalents, même s'ils peuvent être spécialisés dans un domaine, et leurs connaissances s'enrichissent chaque jour, par nécessité et par passion, leur constituant ainsi un bagage singulier et éclectique : un bagage de libraire.

Camembert

Graphique en forme de cercle divisé en secteurs représentant des pourcentages.

Entre le jour où l'auteur soumet son projet à une maison d'édition et celui où le public tient le livre entre ses mains, de multiples étapes et des compétences spécifiques sont nécessaires – écriture, édition, correction, fabrication, diffusion*, distribution*, promotion, mise en place en librairie. Le coût de revient d'un ouvrage, partagé par les nombreux acteurs de ce processus que l'on nomme « chaîne* du livre », va déterminer son prix de vente au public.

On voit régulièrement apparaître, sur les réseaux sociaux et ailleurs, un camembert présentant la répartition du prix de vente entre les différents acteurs. Voici les moyennes de ces chiffres (calculées en 2009) : sur la vente d'un livre, l'auteur touche huit pour cent, l'éditeur vingt et un pour cent, la fabrication représente quinze pour cent, la diffusion huit pour cent, la distribution douze pour cent et le point de vente obtient trente-six pour cent. Notons que ces « moyennes observées pour un ouvrage de littérature contemporaine, commercialisé selon un schéma classique de diffusion », peuvent « varier selon la catégorie éditoriale [...] et le format de l'ouvrage[1] ». Un roman étranger engagera davantage de frais qu'un roman francophone (achat de droits étrangers, traduction...), de même qu'une monographie d'artiste aura un coût de fabrication très supérieur à celui d'un livre de poche.

Largement diffusé, ce camembert génère de nombreux commentaires sur l'écart important entre ce qui revient aux auteurs (dont une infime proportion vit de sa plume) et ce qu'obtiennent les libraires. En effet, le taux de marge commerciale de la librairie semble contredire tout ce que l'on peut entendre sur sa fragilité économique structurelle.

Par comparaison avec le taux d'autres commerces, celui de la librairie n'est effectivement pas le plus bas. Par exemple, le secteur de l'électroménager dégage environ quinze pour cent de marge par rapport au chiffre d'affaires, alors qu'à l'opposé celui de l'optique dégage plus de cinquante pour cent. Mais la marge n'est pas la rentabilité : lorsque l'on parle de résultat net, l'électroménager dépasse la librairie, tandis que l'optique reste en tête.

Pourquoi cet écart entre marge et rentabilité ? Le prix* du livre étant unique, le taux de marge imposé par les maisons d'édition n'est pas extensible – bien que des négociations permettent d'augmenter ponctuellement la remise accordée ou le délai de paiement. Les principales charges de fonctionnement (loyer, transport et divers frais) représentent onze à quinze pour cent du chiffre d'affaires selon les librairies, auxquels s'ajoutent les impôts et les taxes. Quant aux charges salariales, elles représentent entre dix-huit et vingt pour cent du chiffre d'affaires, sachant que la rémunération moyenne mensuelle pour un employé de librairie ayant dix ans d'expérience était de mille neuf cent euros bruts en 2020[2]. La simple addition de ces charges incompressibles explique la faiblesse des résultats en librairie.

De plus, ce commerce vit grâce à des best-sellers, mais aussi au fonds* choisi, déterminant son identité. Présenter cette offre large et variée a un coût. En librairie, la rotation* est en effet assez lente, autrement dit : il est nécessaire d'acheter un stock* important, en sachant qu'il peut exister un fort décalage temporel entre l'achat, le paiement et la vente du livre. Cette rotation particulière implique un besoin structurel en fonds de roulement qui peut fragiliser la trésorerie. Les fameux trente-six pour cent du camembert sont donc à relativiser.

1
Hervé Gaymard, « Situation du livre. Évaluation de la loi relative au prix du livre et questions prospectives », rapport à la ministre de la Culture et de la Communication, mars 2009 (https://www.culture.gouv.fr/Espace-documentation/Missions/Rapport-d-Herve-Gaymard-sur-la-situation-du-livre).

2
« Rapport social de la librairie 2021 », Syndicat de la librairie française (https://www.syndicat-librairie.fr/sites/default/files/upload/report/Rapport%20SLF_Edition%202021%20%28données%202020%29.pdf). Pour un employé ayant quatre ans d'expérience, le salaire mensuel brut est de mille sept cent quatorze euros.

D

Défrichage

Action de défricher, donc de rendre le terrain propice à la culture en déblayant, en préparant.

En écho à la notion de biodiversité, qui désigne l'ensemble des êtres vivants et les écosystèmes dans lesquels ils coexistent, le terme de « bibliodiversité » s'est peu à peu imposé dans l'écosystème du livre. Aujourd'hui, la production de livres en France croît en quantité et en diversité. Est-ce une bonne chose, pour les libraires et les clients, d'avoir tant de choix ? Le risque n'est-il pas de se perdre dans les méandres de cette offre foisonnante, qui demande beaucoup d'attention, de réflexion, de ressources intellectuelles ? Ou bien de céder à des raccourcis cognitifs, afin de s'orienter dans cet océan de possibilités ? De nombreuses expériences démontrent que plus le champ des possibles est large, plus la tendance est d'opter pour ce qui est familier – plutôt que pour l'inconnu –, de reproduire des schémas de comportement, c'est-à-dire d'éteindre potentiellement toute curiosité. Tel est l'enjeu de la question du choix.

Clients et libraires sont pris dans une tension entre deux phénomènes : d'une part, la quantité d'options disponibles augmente les chances de trouver quelque chose qui corresponde aux besoins, aux envies, aux goûts ; d'autre part, l'excès de choix empêche de considérer la totalité de ces options. Comment aider les lecteurs à s'orienter devant une offre pléthorique qui n'est pourtant – même dans les plus grandes librairies – qu'une petite sélection de tout ce qui est publié ? Comment les libraires et les bibliothécaires – derniers maillons de la chaîne avant le lecteur – s'y retrouvent-ils eux-mêmes ?

Tout au long de leur vie professionnelle, ils empruntent des sentiers sinueux à travers les catalogues des maisons d'édition, à la ligne éditoriale souvent mouvante, appelée à s'affiner au fil du temps. Le paysage éditorial, composé de plus de trois mille maisons en activité, offre un réseau de chemins de traverse digne des labyrinthes les plus complexes. Comment s'y repérer ? Comment faire ses sélections ? Avoir le choix et faire des choix : deux notions quelque peu différentes, mais qui sont des réalités de la vie des libraires.

Ceux-ci reçoivent une foule d'informations de la part des diffuseurs*, des maisons d'édition, des relations libraires*, mais aussi à travers leur propre veille éditoriale et littéraire, dont ils sont à l'initiative. À la manière d'un archéologue, guidé par son expérience et sa curiosité, le libraire fouille, creuse, défriche inlassablement, afin de faire des choix éclairés et éclairants pour les lecteurs.

Cette autrice a-t-elle toujours été publiée chez cet éditeur ? Qu'apporte son ouvrage sur ce sujet ? Quel est le parcours de ce primoromancier ? Pourquoi le mettre en avant dans ma librairie plutôt que tel autre ? Si je choisis celui-ci, je prends le risque de ne pas mettre en avant un ou plusieurs autres livres. Poser un ouvrage sur une table de librairie, c'est le placer dans la lumière, le faire grandir au détriment d'un autre. C'est aussi donner du grain à moudre aux lecteurs : une nourriture choisie, triée, sélectionnée avec soin pour alimenter leur parcours de lecture et de réflexion, partager avec eux ses goûts et ses découvertes.

La curiosité professionnelle, intellectuelle et émotionnelle guide les choix des libraires dans une démarche de défrichage perpétuel, leur permettant de défendre une politique d'assortiment* et une identité de librairie.

Ergonomie

Étude des conditions de travail et des relations entre l'homme et la machine.

Apparu au XIXe siècle, le terme d'*ergonomie* – du grec *ergon*, travail, et *nomos*, loi – désigne la discipline scientifique consistant à étudier l'activité humaine, en particulier l'adaptation de l'homme à son métier. Au service du bien-être humain, l'ergonomie vise à concevoir des systèmes utiles et pratiques, susceptibles d'être employés par le plus grand nombre, avec un maximum de confort, de sécurité et d'efficacité.

Son objectif est de rechercher et de réaliser la meilleure adéquation possible entre les utilisateurs et la machine ou, plus largement, les outils, quels qu'ils soient. On peut ainsi parler de l'ergonomie d'une chaise de bureau, d'un comptoir de caisse ou encore d'un site internet. Multidisciplinaire, l'ergonomie évolue avec les conditions de travail, les progrès techniques, les sciences cognitives, et contribue tant au confort des utilisateurs qu'à l'efficience des organisations, quelles que soient leur forme et leur taille.

On distingue trois types d'ergonomie, correspondant aux grandes problématiques du vaste champ d'application de la discipline : liée au corps, l'ergonomie physique cherche à adapter l'outil aux caractéristiques anatomiques et biomécaniques de l'être humain, ce qui la rapproche du design d'objet ; l'ergonomie cognitive s'intéresse quant à elle aux processus mentaux des utilisateurs et à une meilleure adaptation de l'outil à ceux-ci, ce qui l'apparente à la conception basée sur l'expérience utilisateur ; enfin, l'ergonomie organisationnelle obéit à une approche centrée sur les structures et les processus de travail, avec par exemple la répartition des charges et des tâches, l'aménagement des horaires ou la gestion du stress.

Il y a encore quelques dizaines d'années, de nombreux libraires accueillaient les clients derrière un comptoir et allaient eux-mêmes récupérer la référence que ceux-ci recherchaient dans des étagères alignées en rang d'oignon. Depuis, les librairies ont changé de visage, les outils à disposition de la profession aussi. Les architectes et les concepteurs de librairies, tout comme les développeurs de logiciels de gestion spécialisés, ont dû s'adapter à l'évolution de ces pratiques.

En librairie, les deux principaux postes où l'ergonomie physique tient une place prépondérante sont la réception et la caisse, parfois réunis en un seul espace. Le premier est le lieu où l'ensemble de la logistique se joue : de la réception des colis à la mise en cartons des retours*, en passant par la préparation des commandes. Lorsque les libraires y travaillent, ce sont des cartons par dizaines, voire par centaines qu'ils manipulent chaque semaine. Sans nier le plaisir de découvrir les nouveautés à paraître, cette manutention n'en représente pas moins une lourde charge. Un faux mouvement, un mauvais geste ou une mauvaise posture, et c'est tout le corps qui s'en ressent, a fortiori si l'environnement de travail n'est pas adapté, si les cartons doivent être soulevés de tout leur poids pour être rangés en hauteur ou si la configuration des lieux oblige à des contorsions permanentes… L'organisation de cet espace doit donc être soigneusement pensée.

Le second point névralgique de la librairie est la caisse et toutes les manipulations qui y sont réalisées. Qu'il s'agisse d'un encaissement, d'une commande client ou encore de la gestion des flux exponentiels de la période des fêtes, la caisse est un lieu stratégique, conçu et optimisé pour être accueillant, fluide et organisé. Les libraires peuvent simultanément y effectuer un paquet cadeau, une commande client et un conseil* de vente complémentaire, ce qui nécessite un espace de travail adapté, où chaque élément occupe une position spécifique pour être immédiatement accessible dans les moments d'activité intense.

L'ergonomie cognitive a également toute sa place en librairie, notamment en raison de l'essor du travail sur poste informatique. Si le cœur du métier demeure l'objet livre, les libraires disposent aujourd'hui de logiciels professionnels spécialisés permettant d'exécuter de nombreuses tâches. Ces outils informatiques obéissent à des préoccupations d'ergonomie cognitive qui consistent à adapter les interfaces aux processus mentaux des utilisateurs – perception, mémoire, raisonnement ou encore réponses motrices – en s'interrogeant sur ce qui entrave ou facilite la réalisation des tâches. Si une commande pour un client peut s'effectuer en trois étapes au lieu de sept, c'est que l'interface répond mieux aux besoins et que l'expertise ergonomique a amélioré l'expérience utilisateur.

Enfin, avec ses tâches nombreuses et variées, ses multiples facettes qu'il faut bien concilier, le métier de libraire est au cœur des préoccupations de l'ergonomie organisationnelle, qui s'intéresse à l'optimisation des systèmes sociotechniques dans toutes leurs dimensions (structure, règles, processus). Comment allier les aspects intellectuel et physique du métier ? Comment conjuguer la vision généraliste des uns et l'approche plus pointue des autres (ou des mêmes) ? En abordant des thèmes tels que la communication, la gestion des ressources du collectif, les horaires, le travail en équipe, le télétravail ou la gestion par la qualité, l'ergonomie organisationnelle constitue une pierre angulaire du management de proximité indispensable en librairie.

Réception des colis et préparation des retours, encaissement et paquets cadeaux, accueil et prise de commande... Ces gestes sont réalisés chaque jour en librairie, parmi mille autres. Ici, l'ergonomie sous toutes ses formes est donc loin d'être un vain mot.

Fable

Court récit visant à donner de façon plaisante une leçon de vie. Mais aussi : allégation fausse, mensonge élaboré.

Comme bien des professions – des bouchers aux maçons en passant par les enseignants et les marins –, celle de libraire fait l'objet de clichés nombreux et tenaces, qui relèvent souvent du fantasme. Parmi les plus enracinés, l'idée que la librairie serait un temple du savoir, et le libraire son grand prêtre, véritable puits de science, détenant les réponses à toutes les questions de ses clients et sachant exactement où sont rangés chacun des ouvrages – innombrables – de sa boutique. Évidemment, tout cela constitue une fable.

La librairie, aussi bien fournie soit-elle, n'est pas la bibliothèque d'Alexandrie – ni même votre bibliothèque de quartier – et n'a pas vocation à l'être. Il ne s'agit pas d'un lieu de savoir total, qui renfermerait l'intégralité des connaissances de l'humanité. En réalité, ce que l'on appelle l'assortiment* d'une librairie représente une part infime de la somme des publications existantes, et ne se cantonne pas à la littérature, à la philosophie ou aux sciences. Il résulte des choix du libraire et évolue au gré des parutions, de l'actualité, des programmes scolaires, des saisons… Ainsi, la rentrée littéraire apporte des nouveautés sur les tables, dont certains titres rejoignent le fonds*, quand d'autres disparaissent. La présence d'ouvrages en nombre pléthorique n'est pas forcément bon signe, surtout si la poussière s'est accumulée sur les couvertures. Là, on risque fort de ne trouver qu'un stock* vieillissant, ne correspondant pas nécessairement aux attentes de la clientèle.

Le libraire n'a pas non plus toujours réponse à tout, même s'il s'y efforce. Sur certains sujets, ses clients se révèlent plus savants, et il peut compter sur leurs connaissances pour enrichir les siennes.

On pense rarement que, entre clients et libraires, le savoir circule dans les deux sens.

Contrairement à un autre mythe bien ancré (qu'un coup d'œil suffit pourtant à dissiper), le libraire ne passe pas son temps à lire derrière son comptoir. Il lit, bien sûr, mais en dehors de sa journée de travail, qui est consacrée à bien d'autres tâches – réception, rangement, comptabilité, conseils*, commandes…

Mais de nos jours, à quoi bon vouloir devenir libraire, puisque le livre papier est voué à disparaître, et que, d'ici quelques années, le numérique aura définitivement supplanté le bon vieux bouquin ? Cette prophétie remonte à l'arrivée des microfilms, puis de l'informatique. Pourtant, la mort du livre papier n'est toujours pas une réalité : en France, seuls trois pour cent des lecteurs* dévorent exclusivement sur format numérique[3] et les utilisateurs de livres numériques consomment en majorité… des livres papier ! Les uns ne remplacent pas les autres, les usages se complètent. Quel qu'en soit le support, la lecture reste un sport national, et le métier de libraire, en France, conserve tout son attrait.

3
Baromètre « Les Français et la lecture, résultats 2023 », ministère de la Culture/Centre national du livre/Ipsos, avril 2023 (https://centrenationaldulivre.fr/actualites/barometre-les-francais-et-la-lecture-2023).

Go to Zero

Ou GTZ : journal de caisse répertoriant l'ensemble des transactions effectuées dans un commerce, autrement appelé Grand Total des Z.

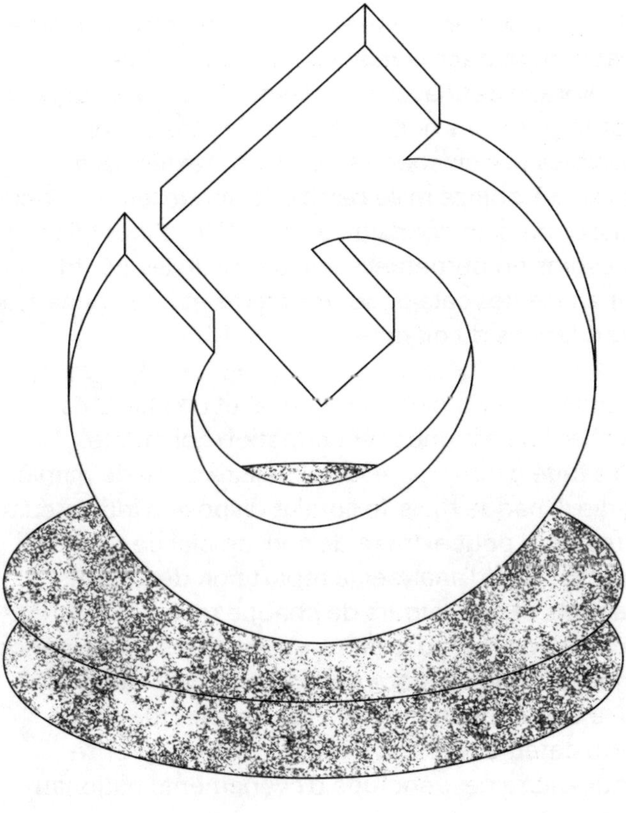

Au-delà de l'aspect économique inhérent à chaque entreprise, la librairie se construit sur ses spécificités : un cadre légal – la loi Lang de 1981 – qui garantit un prix* unique du livre partout en France, fixé par l'éditeur ; des conditions commerciales particulières auprès des fournisseurs – une remise de trente-cinq pour cent en moyenne sur le prix de vente public et une échéance de paiement – ; une TVA à taux réduit sur le livre (cinq et demi pour cent) ; la possibilité de retourner* les invendus.

La plus grande particularité de cette entreprise réside probablement dans la relation, presque intime, que le libraire bâtit avec ses clients. En effet, pour parfaire son offre parmi les huit cent dix mille références disponibles et dénicher les nouveaux textes parmi les soixante-quinze mille parutions annuelles, il ne peut se passer de bien connaître sa clientèle, d'identifier ses besoins en perpétuelle évolution, de les confronter à sa maîtrise des catalogues d'éditeurs et à sa connaissance des tendances du marché.

L'adéquation du projet commercial et des besoins de la clientèle est une préoccupation constante. Parfois faite d'intuition, elle se mesure aussi de manière tangible. Chaque mois, le libraire dispose d'indicateurs chiffrés, qu'il peut extraire de son logiciel de gestion de stocks* afin d'analyser la répartition des ventes, des achats et des retours de chaque rayon, la rotation* (le nombre de fois où le stock est écoulé sur une période donnée) et l'âge du stock (le temps depuis lequel un livre est entré en magasin sans avoir été vendu). Ces indicateurs révèlent toujours l'activité propre à chaque librairie, ponctuée d'événements nationaux (rentrées littéraires, Noël, etc.) ou territoriaux (saison touristique, salons du livre, etc.) : c'est ce que l'on appelle la saisonnalité. Dans de nombreux cas, la moitié du chiffre d'affaires annuel généré par une librairie est réalisée entre septembre et décembre.

Cependant, l'analyse de l'activité ne saurait se limiter à une vision annuelle ou mensuelle. Chaque journée est rythmée par la fréquentation de la librairie, elle-même étroitement liée à sa zone d'implantation. Par exemple, certaines librairies voisines d'un marché alimentaire connaissent une très grande affluence les jours où celui-ci est actif. D'autres ont un panier moyen (la somme dépensée par chaque acheteur) élevé en raison d'une clientèle au pouvoir d'achat très important. Certaines, encore, parce qu'elles se situent à proximité immédiate de la mer, ont une forte activité durant la période estivale, alors que d'autres ferment quelques jours ou semaines à la même époque.

Tous ces éléments, liés à la zone d'implantation, se mesurent au quotidien et favorisent un suivi rigoureux de l'activité, afin d'en identifier les tendances. Chaque jour, après la fermeture, le libraire clôture sa caisse et édite le journal de l'activité quotidienne. Ce document référence le chiffre d'affaires réalisé, les différents modes de règlement utilisés, les possibles rabais accordés aux clients par le biais d'une carte de fidélité, les éventuels acomptes perçus dans le cas de commandes effectuées par les clients. On y trouve aussi la répartition des ventes par taux de TVA si la librairie propose d'autres produits que le livre. D'autres ratios y figurent également, permettant une vigilance quotidienne sur le bon fonctionnement de la librairie : la fréquentation (le nombre de passages en caisse), le panier moyen, les quantités vendues ou encore le prix moyen d'un article.

La clôture de caisse est un moment important dans la journée d'un libraire : outre le suivi de l'activité, elle permet d'identifier les éventuelles erreurs d'encaissement qui ont des conséquences directes sur la comptabilité, la trésorerie et la gestion du stock. Cette clôture est aussi le moment où s'opère un Go to Zero pour laisser place à une nouvelle journée d'activité, une pierre supplémentaire à l'édifice de l'année en cours.

Homothétie

Terme géométrique indiquant une transformation qui fait correspondre à tout point de l'espace un autre point, dans un rapport constant avec le premier, par rapport à un point fixe.

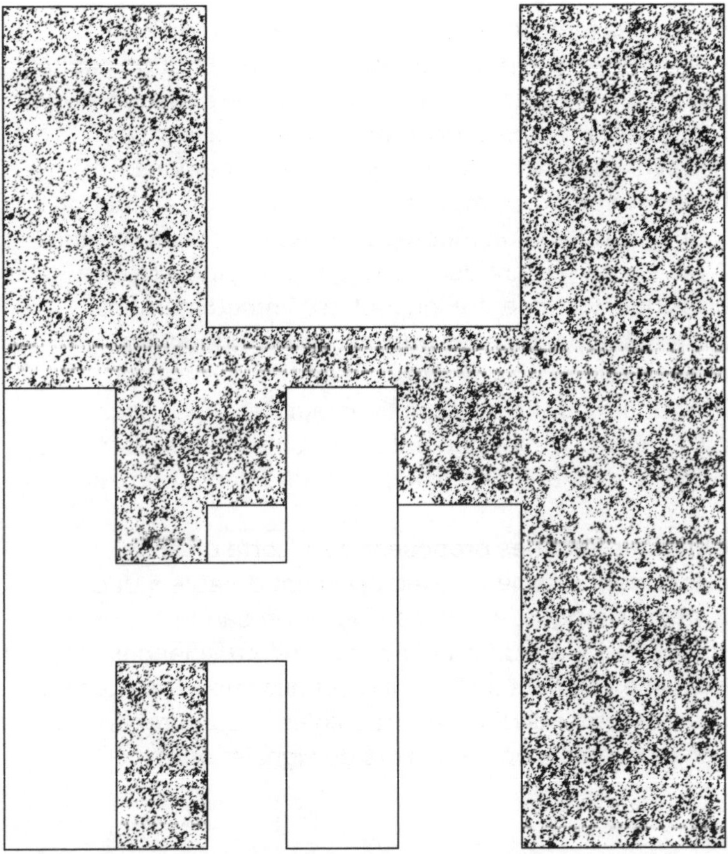

En librairie, l'agencement est d'abord une affaire de mesure, condition préalable pour inciter la clientèle à cheminer dans le magasin et ainsi faire des découvertes tant esthétiques qu'intellectuelles. Mesure, cheminement : ces deux notions, intimement liées, garantissent le plaisir des lecteurs et la rentabilité de l'enseigne. Dans le métier, le cheminement s'appelle « le parcours client », qui participe d'une mise en scène réfléchie, révélatrice de l'intention et de l'identité du lieu, grâce à laquelle ledit client se laisse surprendre et dessine son chemin de lecteur ou de lectrice.

En termes techniques, la mise en scène du magasin est nommée « le marchandisage* ». Cette notion capitale recouvre un ensemble de processus interdépendants : la circulation sur la surface de vente, le classement des livres ou encore la visibilité des informations. L'agencement d'un magasin contribue à son animation tout en diffusant un message sur le projet de la librairie. Ainsi, le classement des livres par genres pourra être classique, voire neutre, en tout cas immédiatement identifiable par tous les publics – bande dessinée, sciences humaines, pratique... Mais il pourra aussi insister sur quelques disciplines, sur des tendances ou sur des questionnements et débats contemporains, selon la volonté du libraire de prendre part à ceux-ci.

Certaines librairies proposent de la sorte un sous-classement intitulé « développement durable » dans le rayon pratique, « comics » au rayon bande dessinée, « géopolitique » dans celui consacré aux sciences humaines. Reflets de l'ambition et des choix des libraires, ces classements doivent être lisibles et compréhensibles par les clients – on parle alors de signalétique*.

Parcours clients, classement, signalétique, tables, vitrines, ces différentes techniques de marchandisage sont au service de la rentabilité de la librairie, car l'organisation spatiale est le pendant physique de la structure des logiciels de gestion, qui fournissent des statistiques aux libraires. Ces dernières permettent de s'assurer que la mise en scène du magasin est en adéquation avec ses objectifs commerciaux. En d'autres termes, le libraire observe si l'homothétie – le rapport entre espaces occupés et chiffre d'affaires dégagé – est respectée. Si les statistiques issues du logiciel indiquent que l'objectif de rentabilité n'est pas atteint, il faudra rectifier le tir : la vitrine donne-t-elle envie d'entrer ? Le parcours est-il cohérent ? Le classement est-il adapté à la clientèle ? La signalétique est-elle compréhensible ? Les tables sont-elles suffisamment esthétiques et attrayantes ?

Au quotidien, les libraires s'interrogent sans cesse sur le rapport entre chiffre d'affaires et rentabilité au mètre carré, espace occupé et nombre de volumes, ou encore niveau de stock*, taux de rotation* et trésorerie. Ils scrutent les indicateurs afin d'avoir une vision globale, mais aussi chirurgicale, de leur espace de vente, et s'attachent à trouver ce point d'équilibre entre identité du lieu, satisfaction de la clientèle et rentabilité. S'ils ont des exigences de rentabilité forte, ils auront tendance à mettre l'accent sur des livres à rotation rapide – dont le stock s'écoule vite. Mais ils peuvent aussi, au-delà des ouvrages médiatisés ou prescrits, faire d'une référence difficile à vendre un livre à rotation rapide, par leur engagement à la défendre. C'est le sel même du métier d'équilibriste qu'est celui de libraire.

Illico presto

Illico *(d'après les termes latins* in *et* locus*) indique le lieu d'où l'action doit partir, immédiatement. Sur-le-champ, dès à présent. L'adverbe* presto *(en italien, « vite ») vient renforcer la nécessaire rapidité de l'action. C'est tout de suite, maintenant.*

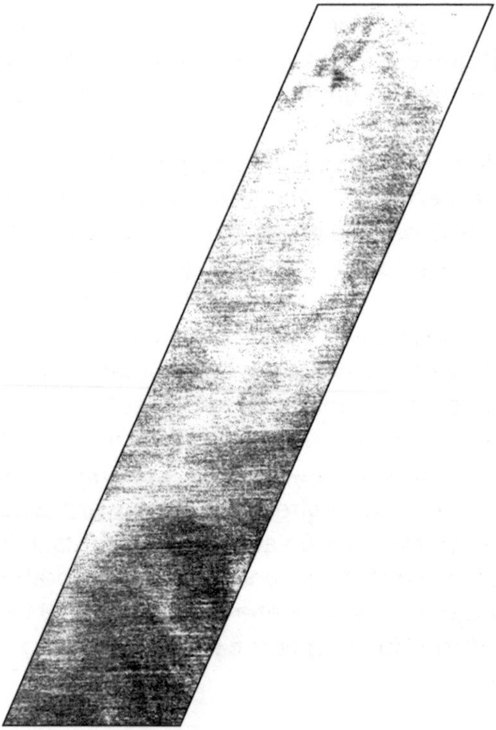

« Si je vous le commande aujourd'hui, ça arrive quand ? Si, si, c'est urgent, c'est un cadeau pour l'anniversaire de ma sœur. » « Mardi ? Ça m'embêterait de passer par Amazon, mais sinon, tant pis, pas le choix. Si, si, sa prof de français a dit qu'il le lui fallait pour lundi. » « Ah zut, je suis de passage, je repars mercredi. » Le livre, illico ! Le livre, illico presto. Le livre n'attend pas et on n'attend pas pour le livre.

La librairie s'inscrit dans une multitude de temporalités, du temps long à l'agitation de surface. Au-dessus des lames de fond(s), certaines commandes clients constituent cette écume quand elles doivent arriver illico. C'est le temps court. L'immédiateté. Plus besoin de commander par courrier, Minitel, fax ou téléphone, comme ce fut le cas jusqu'à la fin des années 1980, aujourd'hui l'Échange de données informatisé (EDI) facilite la compression du temps. La structure interprofessionnelle Dilicom assure la transmission des commandes, envoie les accusés de réception, puis les avis d'expédition, afin que les libraires préparent plus efficacement leur arrivée. Les serveurs de Dilicom sont opérationnels vingt-quatre heures sur vingt-quatre et sept jours sur sept. Aussitôt la commande envoyée, elle est prise en charge. Les serveurs traitent quotidiennement environ trois cent mille lignes de commandes[4].

Les distributeurs* se connectent plusieurs fois par jour à Dilicom pour récupérer les commandes. À bien observer les rouages de la machine, pas une seconde n'est – ni ne doit être – perdue pour que le livre commandé parvienne au libraire illico presto. Pour rester compétitif, le délai de livraison ne doit théoriquement pas dépasser quelques jours, voire quelques semaines pour les territoires d'outre-mer. Cependant, ce délai varie selon les moyens techniques et humains du distributeur, le jour ou l'heure de l'envoi de l'ordre et les aléas de l'opération – des difficultés logistiques peuvent empêcher d'honorer des commandes en temps et en heure. Entre rentrée littéraire et préparation de Noël, l'automne est une période où celles-ci sont les plus nombreuses : le risque d'engorgement et, donc, de retard est accru.

Le retard peut aussi survenir lors de la réception, si le libraire constate, en ouvrant son carton, qu'un livre est abîmé. Le frêle thriller finlandais en format poche commandé par tel client pour l'anniversaire de sa sœur, arrivé de justesse le vendredi pour le dimanche, est déchiqueté par le coin de la couverture d'un album jeunesse racontant la touchante histoire d'amitié entre un caillou et une fougère. Les livres ont été mal calés dans le carton ou malmenés lors du transport. Le client ne peut pas offrir un ouvrage en mauvais état. Il faut recommander le livre, qui ne pourra pas être offert dimanche. À moins de le trouver dans une autre librairie. Illico, le libraire ouvre en ligne la page d'un groupement de libraires, comme Librairies indépendantes, Place des libraires ou Paris Librairies, pour voir si, dans un périmètre raisonnable, un confrère dispose dudit thriller. Si oui, le client pourra s'y rendre, et sa sœur recevra son cadeau à temps.

Sinon, pourquoi ne pas acheter un autre titre ? Faute de thriller finlandais, le client demande alors un ouvrage sorti des presses il y a déjà cinq mois... qui n'est plus sur une table ni dans les rayons. S'il est possible de le commander, il n'est plus disponible en librairie.

Hormis quelques ouvrages qui auront la chance de passer des nouveautés au fonds*, de nombreuses références seront retournées* si elles ne trouvent pas rapidement leur public. Les libraires sont soumis au rythme soutenu des parutions, en particulier lors des rentrées littéraires. La plus importante d'entre elles a lieu entre la fin de l'été et l'automne, l'objectif étant de faire paraître les ouvrages pour l'éventuelle obtention d'un prix littéraire et de les vendre avant les fêtes. Cette opération de sorties massives se reproduit dans une moindre mesure en janvier. À ces rentrées s'ajoutent des parutions tout au long de l'année, notamment d'ouvrages hors littérature générale. Si le livre ne prend pas illico son envol à sa sortie, sa durée de vie s'en trouve très affectée. Alors, face à l'urgence, le client part sur une tout autre idée. À son anniversaire, ce dimanche, sa sœur recevra un album original relatant l'histoire d'un caillou et d'une fougère.

En librairie, il est souvent question de temps et surtout de rapidité, car le service fourni doit être de qualité, l'offre diversifiée et renouvelée, sans pour autant confondre vitesse et précipitation. La rapidité ne doit pas empêcher de prendre aussi le temps de l'attente, de la critique et du discernement global à avoir sur son assortiment*. Un savant équilibre à tenir.

4
« Guide du libraire », Syndicat de la librairie française, octobre 2022 (https://www.syndicat-librairie.fr/distribution/commandes-dilicom-edi).

Joute

Au figuré, combat verbal. Par extension, éloquence.

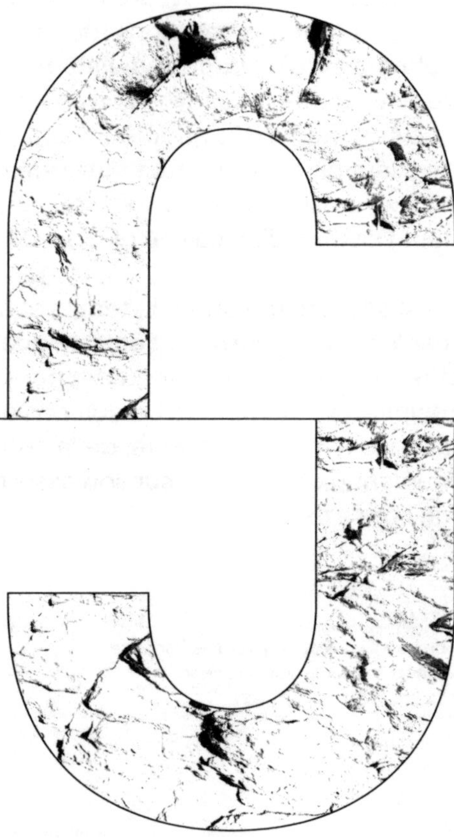

Comparée aux diverses tâches de manutention ou de logistique, la vente conseil* est souvent considérée comme une respiration dans une journée de libraire. Moment de partage avec la clientèle, elle requiert le sens et le goût du contact. Mais elle ne va pas de soi et est l'une des pratiques les plus complexes du métier, demandant une solide expérience, parce qu'elle répond à des techniques précises. Les organismes de formation* en vente ont établi un processus commun à tous les commerces, avec sept étapes à respecter : prise de contact, analyse des besoins de la clientèle, argumentation, traitement des objections, négociation commerciale, conclusion de la vente et prise de congé. Ces règles sont enseignées aux aspirants libraires durant deux ans, temps jugé utile pour préparer l'examen et intégrer les automatismes à appliquer en magasin.

La clientèle est hétérogène, et chaque situation est particulière : comprendre le besoin d'un client consiste alors à lui faire préciser ses attentes. Questionner, écouter, reformuler va permettre d'aboutir à une demande claire. L'identification des besoins passe aussi par une compréhension de détails qui ne sont pas toujours énoncés explicitement. Si l'on peut estimer aisément la tranche d'âge d'un client, déterminer d'emblée son profil sociologique est moins évident ; or on n'achète pas des livres de la même manière selon son âge, son niveau d'études, son métier ou l'endroit où l'on habite. Il est nécessaire d'identifier le profil du client afin de répondre à sa requête le plus efficacement possible[5].

Ensuite, il existe une gradation dans la complexité des demandes, qui exige des compétences différentes. Une question fermée comme « Avez-vous le dernier

Astérix ? » implique une réponse immédiate, qui ne nécessite pas de respecter l'ordre des étapes citées plus haut. En revanche, une demande moins évidente, telle « J'ai écouté une interview à la radio, mais je ne me souviens pas du nom de la personne qui était interrogée », suppose un travail d'enquête – heure de l'écoute, station de radio, nom de l'émission, etc. Ces informations permettent de mieux identifier le profil de sa clientèle et pourront être utiles dans une autre situation.

Moins évidente encore, mais tout aussi courante, la question de l'achat d'un livre à offrir. Pour bien y répondre, il est nécessaire de sonder le client sur la personne à laquelle l'ouvrage est destiné, ses goûts, ses lectures, ses hobbys, mais aussi son âge, sa profession, son lieu de résidence, etc.

Le libraire est également sollicité pour partager ses propres sélections et ses coups de cœur. Cette demande, la plus ouverte parmi toutes celles de la vente conseil, exige le plus haut niveau de compétence. Elle ne réclame pas un simple résumé du livre, mais implique d'argumenter pour justifier son choix – de s'engager en tant qu'expert. Et, surtout, d'avoir clairement identifié et pris en compte les goûts du client ou de la cliente – ou de s'en être souvenu. La vente conseil devient alors une conversation fondée sur la confiance, qui s'étend sur la durée et contribue fortement à la fidélisation.

5
Parmi les nombreux rapports existant sur les comportements d'achats, citons : le baromètre « Les Français et la lecture, résultats 2023 », ministère de la Culture/Centre national du livre/Ipsos, avril 2023 ; l'« Étude de la clientèle des librairies indépendantes », L'ObSoCo/Syndicat de la librairie française, juin 2022 ; sans oublier les statistiques disponibles sur le site de l'Insee.

Kbis

Document qui atteste de l'existence juridique d'une société.

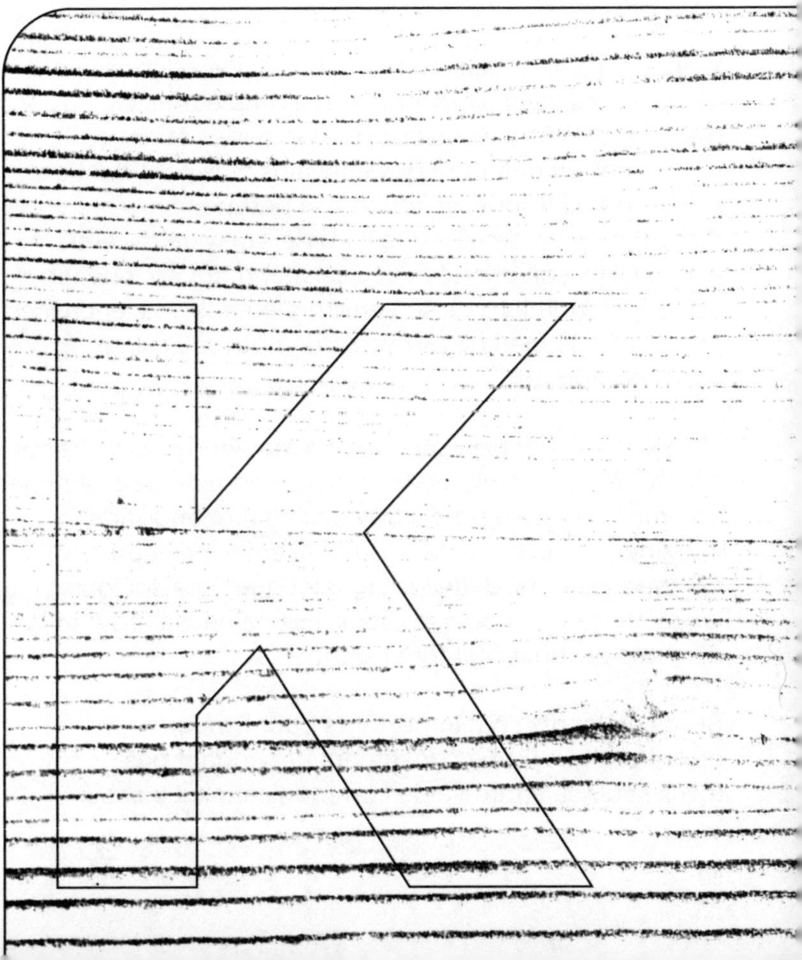

Définir l'identité d'une librairie représente une longue réflexion, menée, le plus souvent, en amont de son ouverture. Chaque étape de ce questionnement aboutit ainsi à des choix permettant de mûrir un projet solide et cohérent.

La première étape consiste à analyser la zone d'implantation de la librairie – situation géographique, environnement économique et culturel, concurrence, démographie... – et à en tirer des conclusions pour adapter au mieux son projet à cette réalité.

Viennent ensuite l'assortiment* et la ligne éditoriale : identifier les rayons présentés, leur ampleur et les maisons d'édition à mettre en valeur, privilégier des auteurs renommés ou défendre des écrivains plus confidentiels... Autant de décisions qui affinent la pertinence du projet commercial d'une librairie. Lorsque celle-ci est ouverte, son offre évolue constamment en fonction des transformations de son environnement, des tendances éditoriales ou bien de l'arrivée d'un nouveau salarié dans l'équipe.

Ce qui se conçoit bien s'énonce clairement : en l'occurrence, la cohérence d'un projet de librairie – comme de tout projet commercial – s'exprime à travers le marchandisage*. Imaginer le parcours client en pensant le positionnement de chaque rayon, définir la signalétique*, les couleurs, les matières ou encore les sources lumineuses sont autant d'étapes qui en renforcent l'identité.

Si ces éléments sont importants pour l'image de la boutique, ils ne constituent cependant pas à eux seuls sa stratégie de communication. Le choix d'une charte graphique, d'un logo ou d'une enseigne contribue aussi largement à forger l'identité du lieu. La construction d'un projet commercial s'accompagne également d'une réflexion sur la politique d'animation, qui doit être au service de l'offre présente en magasin et donc de l'identité du lieu. Quels types d'animations proposer ? Pour quel public ? Quand ? À quel rythme ? Le plus souvent, ces rencontres, présentations et signatures sont annoncées et relayées sur les réseaux sociaux, permettant à la librairie d'acquérir une visibilité au-delà de ses murs.

Penser et bâtir un projet commercial est un préalable indispensable à l'ouverture d'une librairie. Néanmoins, cette identité commerciale ne saurait voir le jour sans la création d'une personnalité juridique. Une fois référencée au registre du commerce et des sociétés (RCS), la librairie se voit attribuer un numéro d'immatriculation l'autorisant à exercer son activité et à obtenir un extrait Kbis. Véritable carte d'identité d'une société, ce dernier justifie de son existence juridique. Document public accessible à tous, il mentionne la raison sociale de la société (parfois différente du nom de l'enseigne), sa forme juridique, l'adresse du siège, le nom du dirigeant, le numéro d'identification, le code NAF (ou APE) et l'activité exercée. Prérequis pour ouvrir une librairie, il est obligatoire pour obtenir un compte dans une banque et nécessaire pour en ouvrir d'autres auprès des fournisseurs afin de commander, enfin, les premiers livres qui vont occuper les rayonnages et les tables.

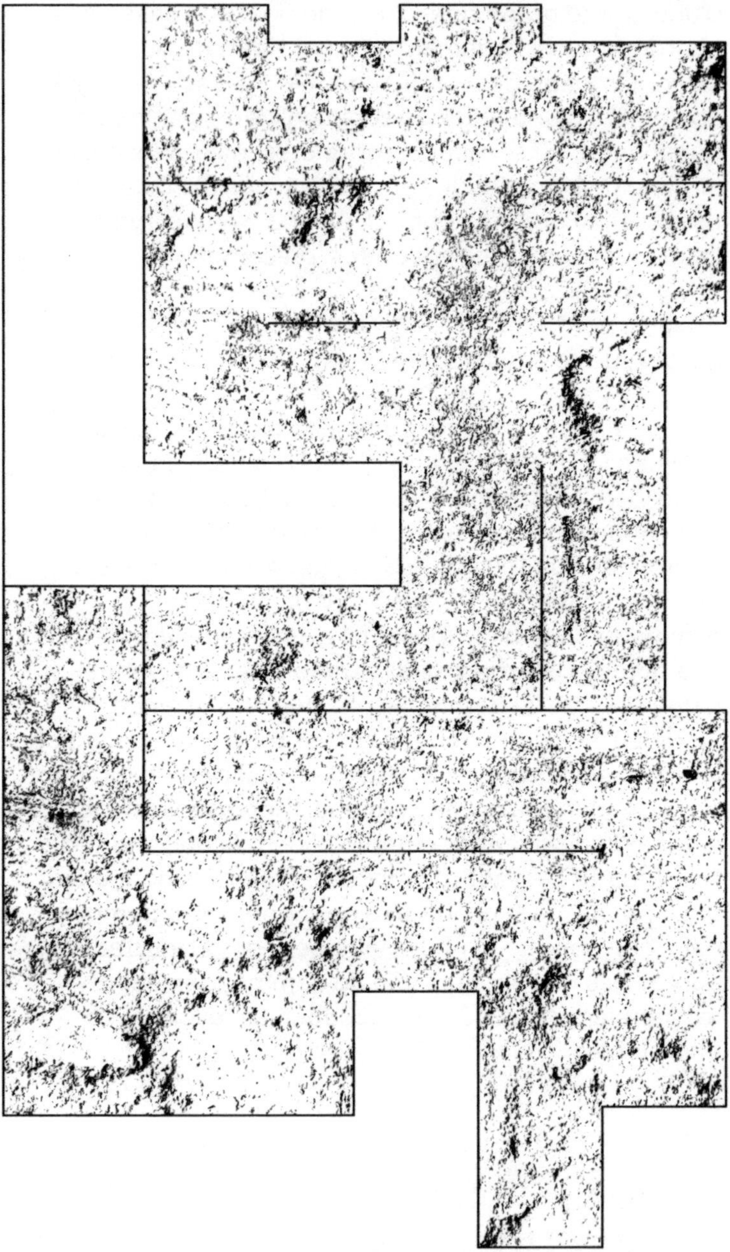

Labyrinthe

Tracé sinueux, muni ou non d'embranchements, d'impasses et de fausses pistes, destiné à égarer ou à ralentir celui qui cherche à s'y déplacer.

Avec une offre pléthorique de plus de huit cent dix mille titres disponibles en langue française, les libraires n'ont que l'embarras du choix pour satisfaire leur clientèle… mais il y a de quoi se perdre dans cette offre en perpétuelle croissance !

En admettant qu'une librairie de taille moyenne avoisine les dix mille références, cela signifie que l'assortiment* proposé à la clientèle représente un virgule vingt-trois pour cent de la totalité de l'offre ! Au-delà de cet échantillon trié sur le volet, le reste de la production demeure accessible à tous, sur tout le territoire, par le biais de la commande – l'un des aspects fondamentaux de la loi Lang de 1981. La sélection peut paraître drastique, mais elle est indispensable et permet une meilleure visibilité des ouvrages choisis face à la montagne de publications commercialisées existantes. Reposant sur de nombreux critères, chaque sélection singulière évolue au gré de l'offre éditoriale, des changements sociétaux et des transformations de la zone de chalandise*.

Cependant, si ces dix mille ouvrages ne représentent qu'une infime partie de l'offre, le chiffre reste important. Pour guider les lecteurs, les libraires mettent en place un classement qui répartit l'ensemble des ouvrages en secteurs tels que la littérature, les sciences sociales, la jeunesse, etc. L'espace de la librairie est conçu comme une arborescence, dont chaque ramification conduit au rayon voulu, puis se subdivise en sous-rayons – voire en sous-sous-rayons – qui renforcent l'identité de la librairie et permettent d'affiner ses choix. Loin d'être figé, ce classement évolue en permanence : certains sous-rayons peuvent croître au fil du temps, et parfois même être promus au rang de rayon, comme ce fut le cas récemment de certaines thématiques (par exemple, l'écologie) en sciences humaines.

Cette arborescence se traduit par une signalétique* qui sert de fil d'Ariane au client. Terminologie, couleur, typographie, taille des caractères… autant d'éléments qui lui permettent de se repérer et de comprendre les choix de classement. Ces derniers se retrouvent également dans l'organisation des logiciels de gestion. Ce pendant informatique de l'organisation physique de la librairie s'appelle « la ventilation ». Une fois les cartons vidés, les livres sont intégrés au stock* de la librairie, puis ventilés par rayons et sous-rayons, dans le logiciel. Cette arborescence informatique, décidée par le libraire en fonction de son projet commercial, lui permet de piloter efficacement son activité en analysant ses statistiques par rayon et sous-rayon, mais aussi de guider le client dans sa recherche – gare aux erreurs de classement qui font perdre un temps considérable !

Lorsque nous sortons d'une librairie un livre en main, c'est qu'une multitude de choix nous ont conduits jusqu'à lui. Nombre d'entre eux appartiennent aux libraires qui, par leur connaissance des catalogues, leur assortiment, la compréhension de leur clientèle, leurs décisions de classement, ont patiemment balisé le chemin qui mène à la sortie du labyrinthe.

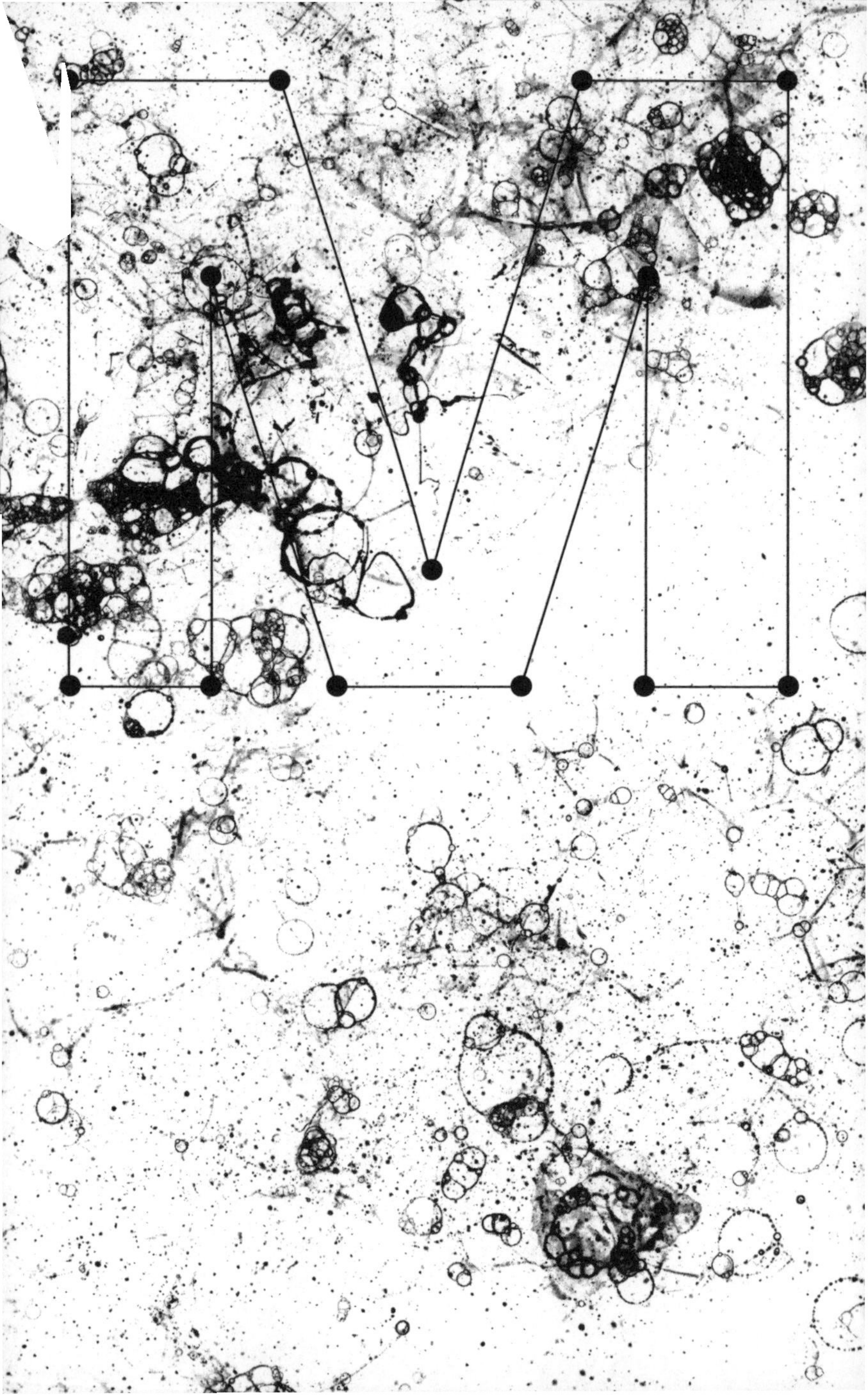

Mémoire

Faculté de conserver et de rappeler les choses passées et ce qui s'y trouve associé ; l'esprit, en tant qu'il garde le souvenir du passé.

Dans la nouvelle de Jorge Luis Borges intitulée « Funes ou la mémoire », le protagoniste est atteint d'hypermnésie. Capable d'apprendre le latin de Pline l'Ancien en l'espace d'une nuit ou bien de se rappeler non seulement « chaque feuille de chaque arbre de chaque bois, mais chacune des fois qu'il l'avait vue ou imaginée[6] », il concède que ses extraordinaires facultés ne lui permettent d'accumuler que des détails, sans qu'il puisse les hiérarchiser ni leur donner du sens.

Inévitablement, l'histoire de Funes convoque dans nos consciences la vision d'antiques bibliothèques aux rayonnages infinis. Et le vertige que provoque la lecture de ce célèbre texte ne ressemble-t-il pas à celui que chacun éprouve face au nombre de titres disponibles – qui, du reste, n'en représente qu'une infime partie depuis l'invention des premiers supports d'écriture ?

Comment s'y retrouver, en effet, sans se perdre dans les détails ? se demande certainement tout libraire lors de sa première journée de travail. La réalité qui se matérialise sur les étagères et sur les tables peut facilement être quantifiée. Prenons une librairie de cent mètres carrés, avec un stock* avoisinant les dix mille références : à raison d'une centaine de livres lus par an (soit deux par semaine), tout absorber nécessiterait un siècle entier ! Il convient donc de faire d'emblée le deuil de l'exhaustivité.

Fort heureusement, chaque librairie a un peu de Funes en lui : sa mémoire immédiate, capable d'enregistrer quantité d'informations. Pour l'entretenir et l'améliorer, il dispose, dans l'exercice quotidien de son métier, de nombreuses aides mnémotechniques.

Prenons maintenant le cas de la rentrée littéraire, où des centaines d'ouvrages sont attendus. Entre le moment où le libraire est informé de la future parution d'un livre et sa publication, il va s'écouler environ trois mois. De multiples étapes – visite des représentants*, rencontres avec les maisons d'édition, lecture des services de presse, veille médiatique – vont lui permettre de stocker et structurer un grand nombre d'informations jusqu'au jour de la mise en place physique des livres en magasin. À long terme, l'intégralité de ces informations ne seront pas conservées, mais certaines vont se juxtaposer à une autre mémoire plus durable attachée à des filiations, des héritages, à ce qui, en somme, constitue un socle commun de connaissances : la mémoire collective de la profession.

Ainsi, sous la surface des premières indications figurant sur une couverture, il existe un certain nombre d'indices qu'il convient d'interpréter afin d'inscrire chaque livre dans un patrimoine culturel. En voici un échantillon. La mention « Éditions de Minuit » renvoie d'emblée à un catalogue synonyme d'exigence, associé au Nouveau Roman. Ensuite, elle convoque l'histoire de la Résistance française, puisque les Éditions de Minuit ont été fondées clandestinement pendant l'Occupation. Enfin, elle est rattachée à Jérôme Lindon (1925-2001), son directeur, à l'origine de la loi Lang, emblématique de la politique culturelle de notre pays. L'auteur d'un roman publié aujourd'hui aux Éditions de Minuit peut ainsi revendiquer l'appartenance à une certaine esthétique qui a fait date dans l'histoire littéraire française.

Le symbole du jeu de go figurant sur la couverture des éditions P.O.L est un hommage à Georges Perec, dont Paul Otchakovsky-Laurens (1944-2018), alors directeur de collection chez Hachette, a édité *La Vie mode d'emploi* en 1978, avant de fonder la célèbre maison de la rue Saint-André-des-Arts en 1983.

Les éditions La Découverte ont été créées la même année par François Gèze (1948-2023) dans le sillage des éditions Maspero, elles-mêmes créées par François Maspero (1932-2015), fondateur d'une librairie emblématique des années 1960-1970, La Joie de lire, et symbole de l'engagement politique lié au commerce du livre.

On pourrait multiplier les exemples à l'infini, au risque de tomber dans l'anecdote. Mais chaque libraire, de manière empirique, appuie ses connaissances et ses compétences sur ce patrimoine. Il les cultive et les renforce grâce à un certain nombre d'outils et de rendez-vous qui ponctuent la vie littéraire, tels les catalogues des maisons d'édition (certaines d'entre elles, en plus de la présentation des livres, ont mis en ligne sur leur site des repères liés à leur historique) ; les différents anniversaires (ceux de maisons d'édition et de collections, mais aussi de librairies, ou encore d'événements décisifs comme la loi Lang) ; les commémorations, expositions, publications institutionnelles ; les biographies d'écrivains, de gens de lettres, de libraires ; les ouvrages spécialisés consacrés à l'histoire du commerce du livre et de ses métiers* (édition, librairie, fabrication, traduction…) ; les livres d'entretiens, les autobiographies, les témoignages.

Ce patrimoine, enfin, se consolide chaque jour à la faveur d'un élément moins tangible, mais impossible à négliger, la conversation, se déroulant de manière permanente, pour ne pas dire obsessionnelle, dans le cadre des échanges professionnels. Les discussions entre collègues sur les décisions d'achat, les mises en avant d'ouvrages, les rendez-vous avec les représentants ou la maison d'édition n'interdisent en aucun cas des digressions au sujet de tel ou tel livre, bien au contraire !

Et n'oublions pas les lecteurs. En fréquentant les lieux d'échanges que sont les librairies, ils nourrissent les débats intellectuels, esthétiques, politiques, et partagent leurs passions, s'inscrivant ainsi pleinement dans l'élaboration de la mémoire collective du métier.

6
Nouvelle publiée dans le recueil *Fictions*, Paris, Gallimard, coll. « Folio », 2018, p. 122.

Nota bene

Indication d'une note, d'une remarque ; observation (en latin, « remarquez bien »).

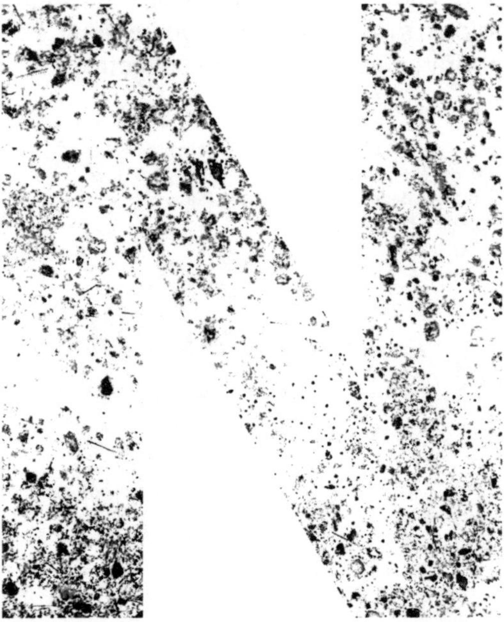

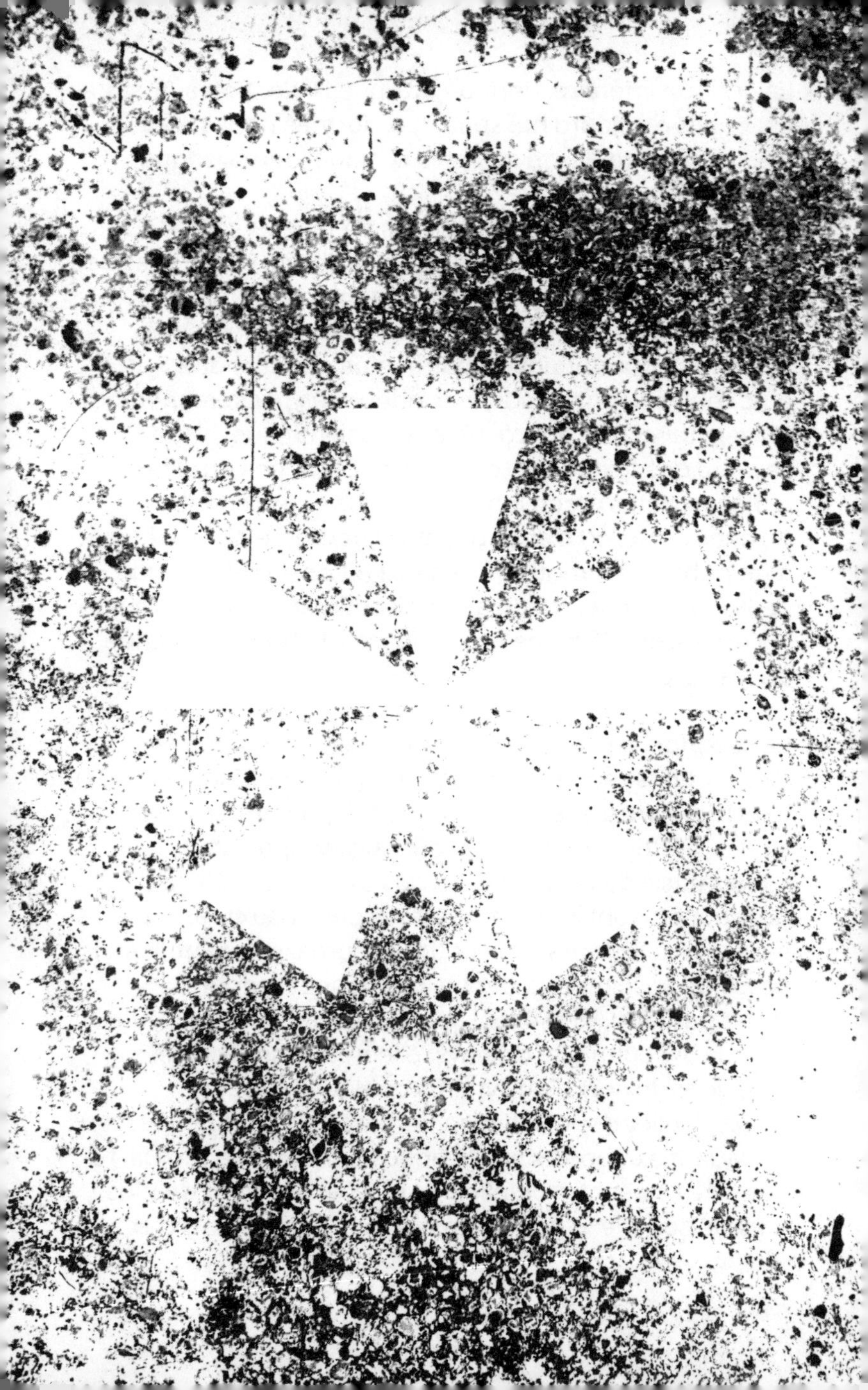

La critique littéraire, dont on attribue l'invention à Aristote, est connue aujourd'hui sous deux formes principales : l'étude savante des textes et la critique journalistique.

La première a contribué, dans les années 1960-1970, à la renommée mondiale de figures comme Roland Barthes ou Umberto Eco. Elle relève du discours théorique, et son corpus, d'une manière générale, est composé d'œuvres appartenant au patrimoine académique ou d'œuvres contemporaines adoubées par la recherche universitaire. Son approche étant scientifique, l'étude savante des textes fait l'objet de publications érudites – thèses, actes de colloques, collectifs – émanant de chercheurs ou d'enseignants et s'adresse généralement à un public dit « motivé[7] ». La collection « Bibliothèque de la Pléiade », avec son appareil critique qui accompagne les textes, en offre une prestigieuse illustration destinée au grand public.

La seconde, liée à l'actualité éditoriale, rend compte de parutions récentes dans les médias traditionnels (radio, télévision, presse) et peut avoir un impact déterminant sur les ventes de livres. Les journalistes spécialisés – mais aussi des écrivains ou des experts bénéficiant de tribunes – ont longtemps été les principaux prescripteurs auprès des lecteurs. Si la critique journalistique n'a jamais cessé de susciter des débats passionnés autour d'une parution, et si elle occupe une place indiscutable dans la vie culturelle du pays, elle n'est plus la seule à décider du sort d'un livre. En quelques années, en particulier depuis l'avènement des blogs et des réseaux sociaux, les supports médiatiques consacrés à l'actualité des livres se sont multipliés – et dispersés. Il est de plus en plus complexe pour les maisons d'édition de cibler les sources d'influence, pour les libraires de structurer leur veille médiatique, et pour la clientèle de hiérarchiser les informations.

Une récente enquête sur les pratiques de lecture* des Français relève que les « principaux déclencheurs à l'achat d'un livre avant de se rendre sur un point de vente » sont la recommandation d'un proche et l'envie de lire un auteur ou une autrice apprécié(e), suivis de la « recommandation d'un journaliste ou critique littéraire, la présence de l'auteur à la télé ou à la radio, une publicité ». Une fois sur le point de vente, les déclencheurs sont, dans l'ordre : le sujet du livre, le résumé au dos, la connaissance du livre, son titre, puis la recommandation d'un libraire[8].

Par ailleurs, une autre étude[9] nous apprend que les livres signalés comme « coups de cœur » orientent une majorité de clients. Présentées sous forme de notule, ces indications ont vocation à partager en quelques mots un engouement (rarement une déception) pour un ouvrage grâce à une formulation à même d'attirer l'attention. Les coups de cœur appartiennent à ce que l'on appelle « la vente muette » (par opposition à la vente effectuée de vive voix) et sont devenus au fil des années un maillon essentiel du conseil* en librairie. Leur mise en avant forge efficacement l'identité du magasin et peut déclencher un nombre de ventes non négligeable. Souvent destinés à être relayés sur Internet, les coups de cœur augmentent également le pouvoir d'influence de la librairie – et sa visibilité – au-delà de sa propre zone de chalandise*. Participant d'un processus de démocratisation de la critique, ils permettent aux libraires de contribuer de manière significative au succès de certains livres (voire d'en être à l'initiative) et de faire ainsi jeu égal avec les acteurs du champ traditionnel de la prescription.

7
Selon la terminologie employée par la base de données bibliographiques Electre.

8
Baromètre « Les Français et la lecture, résultats 2023 », ministère de la Culture/Centre national du livre/Ipsos, avril 2023 (https://centrenationaldulivre.fr/actualites/barometre-les-francais-et-la-lecture-2023).

9
« Étude de la clientèle des librairies indépendantes », L'ObSoCo/Syndicat de la librairie française, juin 2022 (https://lobsoco.com/wp-content/uploads/2022/08/LObSoCo_SLF_Etude-de-la-clientele-des-librairies-independantes_2022_Rapport-detaille.pdf).

Orchestre

Groupe d'instrumentistes constitué en vue d'exécuter de la musique polyphonique.

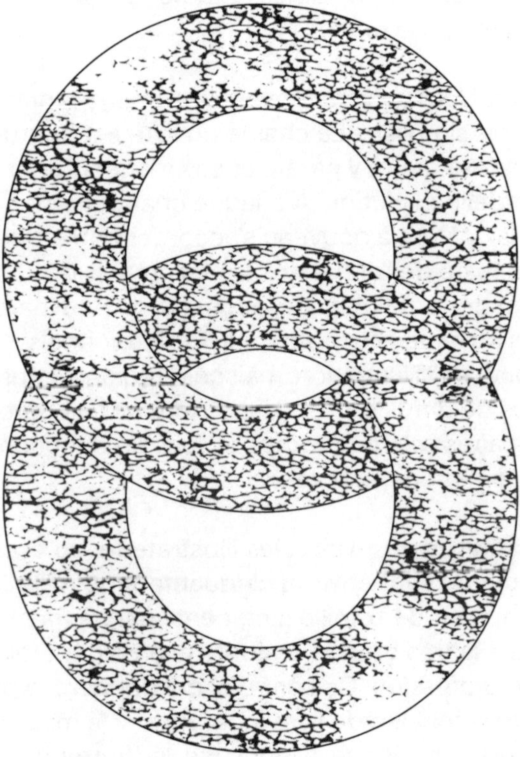

Industrie culturelle majeure, la filière du livre a longtemps été composée de deux maillons principaux : l'auteur et l'éditeur-imprimeur-libraire. Aujourd'hui, les membres de cet ensemble sont bien plus nombreux à faire cheminer l'œuvre d'un auteur ou d'une autrice jusqu'à son lectorat*. Le secteur du livre représente à lui seul environ quatre-vingt mille emplois salariés, soit plus de six pour cent des acteurs du secteur culturel. La création, l'édition, la fabrication ou encore la commercialisation d'un ouvrage sont autant d'étapes faisant intervenir de multiples acteurs et actrices de la chaîne* du livre.

Très attractif, cet univers renvoie une image fantasmée, mais parfois simpliste. La chaîne du livre est pourtant plus complexe qu'il n'y paraît, et ses métiers* sont en perpétuelle évolution. À chaque changement, les violons doivent à nouveau s'accorder entre eux et avec le reste de l'orchestre. L'interprofession se requestionne, se réajuste, accueille de nouveaux membres au fil de ces mutations. Professionnels de l'écriture, de l'illustration, maisons d'édition, imprimeries, structures de diffusion* et de distribution*, libraires, bibliothécaires œuvrent toutes et tous en direction des lecteurs et des lectrices.

Côté création, les écrivains, les illustrateurs ou encore les traducteurs sont environ cinquante-cinq mille en France, dont deux mille cinq cents parviennent à en vivre – la très grande majorité exerce généralement une autre profession. Ce sont eux qui donnent la première note, voire la tonalité du livre à paraître, si la maison d'édition est convaincue. À leur suite, les autres instruments s'accordent. L'éditeur ou l'éditrice peut revoir la partition et les arrangements, puis les nuances du morceau choisi. Les partitions, dûment révisées et corrigées, sont ensuite transmises aux imprimeurs qui, pour environ un quart d'entre eux, travaillent avec les maisons d'édition.

Puis interviennent les structures de diffusion, qui constituent souvent le trait d'union entre les maisons d'édition et les libraires, créant le lien et les harmonies. Elles présentent les livres aux libraires, qui peuvent alors décider si l'ouvrage entre dans leur assortiment* ou non, en évitant autant que possible les dissonances. Enfin, la structure de distribution, qui gère toute la logistique, fait en sorte que le livre arrive physiquement dans les circuits* de vente : librairies indépendantes, grandes surfaces culturelles...

Chaque année, des milliers de nouveaux ouvrages paraissent – plus de soixante-quinze mille. Certains s'en plaignent, d'autres s'en réjouissent. C'est là tout le sel du métier de libraire : sélectionner et trier pour aiguiller le lectorat. Afin d'offrir, avec l'ensemble de cet orchestre si complexe, le récital le plus harmonieux possible.

Panier

Ustensile avec anse ou poignées, en osier, en jonc, en plastique, etc., servant à contenir, à transporter diverses choses.

« Ajouter au panier » est une locution entrée dans le langage courant de l'e-commerce. Bien avant cela, on parlait déjà de « panier » dans le négoce, qu'il s'agisse de celui destiné aux commissions, de panier garni ou encore, expression plus technique, de « panier moyen », c'est-à-dire ce que dépense en moyenne un acheteur dans un magasin. En librairie, celui-ci est de l'ordre de vingt-deux euros.

Le panier est avant tout un objet physique, indispensable, depuis plusieurs décennies, dans de nombreuses boutiques. Certains commerçants utilisent même cet objet comme multiplicateur d'achats : quand on a un panier au bras, on achète machinalement davantage de produits que ce que les mains seules peuvent contenir.

Les premières traces de paniers remontent à l'an 8000 avant Jésus-Christ, notamment en Égypte et dans bien d'autres civilisations. Traditionnellement en osier, le panier a été le compagnon des marchands pour transporter et stocker leurs produits, mais aussi des femmes qui faisaient la lessive. Plusieurs civilisations nomades ont d'ailleurs employé le panier d'osier comme monnaie d'échange pour leur survie, quand d'autres l'utilisaient comme objet pour le quotidien et la prière.

La passion pour le panier en vannerie était retombée depuis un certain temps avant de faire son grand retour il y a quelques années. À l'heure actuelle, le panier d'osier connaît de multiples usages : contenant classique pour les courses, les pique-niques ou la plage, accessoire de rangement ou encore objet de décoration pour apporter une touche naturelle à la pièce.

Quelles sont les motivations des clients de librairie à remplir leur panier aujourd'hui ? Si quatre-vingt-neuf pour cent des Français sont lecteurs[10] et consacrent en moyenne quatre heures quarante-sept minutes par semaine à la lecture* de livres, quatre-vingt-un pour cent d'entre eux ont bel et bien acheté des livres neufs pour eux-mêmes, alors qu'ils s'en procurent aussi d'occasion, s'en font offrir et prêter ou encore les empruntent en bibliothèque.

Trois Français sur quatre acquièrent également des livres pour les offrir, et ce très majoritairement en librairie généraliste ou en grande surface culturelle, comme la Fnac ou Cultura. La notion de livre cadeau est très forte, surtout en fin d'année. Le rôle de conseil* de la part des libraires prend ici toute sa place, et le soin apporté au paquet cadeau peut générer une fidélisation non négligeable pour l'enseigne. Dans certaines, c'est même devenu tout un art, qui s'exprime par un savant pliage, le choix d'un papier bien particulier, voire l'option plus écoresponsable du *furoshiki* – technique japonaise du pliage et nouage d'un tissu pour emballer les cadeaux sans déchets.

Bien entendu, la moyenne de vingt-deux euros est, comme toute moyenne, très variable selon le point de vente, la saison et la clientèle. Le prix* défini par l'éditeur est imprimé au dos des livres, ce qui pourrait laisser croire que les libraires ont peu de marge pour faire évoluer ce panier moyen. Néanmoins, qui n'a pas déjà rencontré un ou une libraire parlant si bien des livres que l'on finit par en acheter trois plutôt que l'unique référence prévue initialement ? Qui n'a jamais craqué après un conseil d'un titre en littérature ou en bande dessinée, alors que l'on était juste venu récupérer la prescription du collège pour le petit dernier ? Qui n'est jamais entré dans une librairie sur un coup de tête pour s'offrir le dernier Astérix, malicieusement exposé en vitrine ?

L'augmentation ou la diminution du panier moyen d'une librairie, même de quelques centimes, influe sur son chiffre d'affaires. Pour contribuer à le faire grimper, les libraires disposent du meilleur des leviers : leur talent pour parler et conseiller des livres.

10
Baromètre « Les Français et la lecture, résultats 2023 », ministère de la Culture/Centre national du livre/Ipsos, avril 2023 (https://centrenationaldulivre.fr/actualites/barometre-les-francais-et-la-lecture-2023).

Q

Qualitatif

Qui relève de la qualité, de la nature de quelque chose (par opposition à quantitatif*).*

Le 10 août 1981 est promulguée la loi Lang, qui définit le principe suivant : un livre neuf sera vendu au même prix* sur tout le territoire. Fixé par l'éditeur, ce prix ne peut faire l'objet d'un rabais en caisse excédant cinq pour cent.

Cette loi a non seulement pour objectif d'éviter une concurrence déloyale entre grandes et petites enseignes, mais encore, selon les termes du ministère de la Culture, d'assurer « l'égalité des citoyens devant le livre [...] ; le maintien d'un réseau décentralisé très dense de distribution*, notamment dans les zones défavorisées ; le soutien du pluralisme dans la création et l'édition en particulier pour les ouvrages difficiles[11]. » Autrement dit, il s'agit de définir des règles plus équitables garantissant l'existence d'un écosystème de librairies dense, varié et de qualité.

Cette loi a été renforcée en 2008 par un protocole d'accord qui édicte des critères qualitatifs dans les usages commerciaux de l'édition avec la librairie. Cela signifie que, outre la quantité de livres achetés ou vendus, la négociation commerciale repose aussi sur la qualité du partenariat entre éditeur et libraire – ce dernier met-il en avant les titres du catalogue de tel éditeur dans son magasin ? Organise-t-il des événements autour de cet éditeur ? Communique-t-il à son sujet ? Il s'agit avant tout d'établir un lien durable entre ces deux maillons essentiels de la chaîne* du livre, menant à un cercle vertueux : l'éditeur est assuré de voir ses titres défendus de façon pérenne dans un point de vente, tandis que le libraire peut obtenir des conditions commerciales satisfaisantes et compter sur le soutien de l'éditeur dans sa politique d'animation, par exemple.

Pour aller plus loin dans cette démarche de qualité, le ministère de la Culture, avec le Centre national du livre (CNL), a mis en place en 2009 le label Librairie indépendante de référence (LiR). Décerné pour trois ans sur la base de critères très précis, il offre des garanties de qualité aux clients et permet au libraire de bénéficier de subventions « pour la mise en valeur des fonds* et de la création éditoriale[12] ».

Cette recherche permanente de qualité a des implications techniques et logistiques : qui dit qualité de son assortiment* dit maîtrise des achats et des retours*, bonne gestion des stocks* et, idéalement, de sa trésorerie. Il s'agit là encore d'un cercle vertueux, dont la loi Lang de 1981 reste la garante.

11
https://www.culture.gouv.fr/Thematiques/Livre-et-lecture/Les-politiques-de-soutien-a-l-economie-du-livre/Prix-du-livre

12
https://centrenationaldulivre.fr/aides-financement/label-lir

Récréation

D'abord attesté au sens de « réconfort », qui a disparu, le mot désigne le repos, le délassement que l'on s'accorde après un travail ; activité consistant à se détendre, se distraire.

La récréation, au sens de « divertissement », a toujours fait partie du quotidien de l'humanité. La distraction, le jeu, le passe-temps sont autant de synonymes illustrant le besoin des hommes de se changer les idées, à tout âge. Nos ancêtres nomades, chasseurs et pêcheurs donnaient probablement des objets quotidiens aux enfants en guise de hochets ou de jouets.

Les premières preuves archéologiques d'une activité ludique remontent au quatrième millénaire avant Jésus-Christ, ou peut-être même plus tôt. Très populaires dans la Grèce antique, les osselets, ancêtres des dés, seraient l'un des jeux les plus anciens de l'humanité, et servaient autant à se divertir qu'à prédire l'avenir. Quant aux dés, ils seraient apparus dans la région de l'Indus vers 2300 avant Jésus-Christ, à la même période que les premiers plateaux de jeu. Témoignages de la vie quotidienne, les peintures murales découvertes dans les tombeaux égyptiens représentent souvent des adultes pratiquant des jeux de société ou des jeunes s'amusant avec une toupie ou une balle. Sans oublier les jeux du cirque, considérés comme le divertissement par excellence à leur époque. Le goût du jeu constitue, semble-t-il, un invariant de l'humanité depuis que l'homme sait maîtriser les objets.

Dès la première moitié du XXe siècle, le psychologue suisse Jean Piaget envisage le jeu comme un médium propice au développement de l'enfant. Actuellement, le divertissement occupe une place très importante dans le quotidien des enfants comme des adultes, partout dans le monde. Ainsi, en France, au cours du XXe siècle, le nombre de jeux disponibles est passé de cinq mille références à plus de cent mille, dont certaines vendues en librairie.

Aujourd'hui, plus de quatre-vingt-quinze pour cent des Français déclarent avoir pratiqué au moins une activité de loisirs dans l'année[13]. Pour preuve, le développement exponentiel, depuis quelques années, des escape games, du paintball et d'autres activités ludiques en groupe. Si les loisirs ont historiquement été définis comme un temps de repos, de reconstruction, en opposition au temps de travail, leur représentation et ce qui en est attendu ont évolué. Pour les Français, c'est avant tout un moment à partager avec ses proches, mais aussi un facteur de développement personnel et une source de plaisir.

L'offre de loisirs est très vaste, et la librairie en fait indéniablement partie, à travers la vente de livres, mais aussi les propositions d'animations, telles que la mise en scène des ouvrages et des différents espaces, l'organisation de rencontres ou de débats. L'une ne va pas sans l'autre, et les libraires ont bien compris qu'ils avaient un rôle à jouer dans ce besoin de divertissement qu'expriment lecteurs et lectrices. Si ces animations ne sont pas une nouveauté, leur forme et leur fréquence ont beaucoup évolué au fil des décennies, et les librairies, en tant que lieu de médiation culturelle, font même preuve d'une incroyable inventivité dans ce domaine. Expositions, conférences au cœur des questionnements sociétaux, jeux de piste ou encore scènes ouvertes, ces événements se comptent par centaines chaque année et offrent un divertissement, souvent de haute tenue, destiné à tous les publics.

Chaque librairie élabore sa propre politique d'animation, au service de sa clientèle, selon son identité, son projet, son ancrage territorial, en se réinventant continuellement.

La mise en œuvre de ces animations exige des libraires envie et enthousiasme, mais aussi compétences pour mener à bien leur programme événementiel, la plupart du temps sans réelle rentabilité financière directe. Ces rencontres sont souvent des occasions attendues, exceptionnelles, qui offrent à la clientèle une parenthèse, un moment de détente dans son quotidien et contribuent sans aucun doute à sa fidélisation. Pour ses habitués, la librairie représente en général un havre de paix, voire un refuge, qui parfois s'anime donc au gré d'un entretien, d'une lecture ou d'un concert, pour le plus grand plaisir de l'assistance.

13
« L'Observatoire du rapport des Français aux loisirs », L'ObSoCo, 2020 (https://lobsoco.com/wp-content/uploads/2021/03/LObSoCo-Compagnie-des-Alpes-I-LObservatoire-des-loisirs-I-Synthese-Rapport-danalyse_Publication-2.pdf).

Salon

Pièce destinée à recevoir des visiteurs.

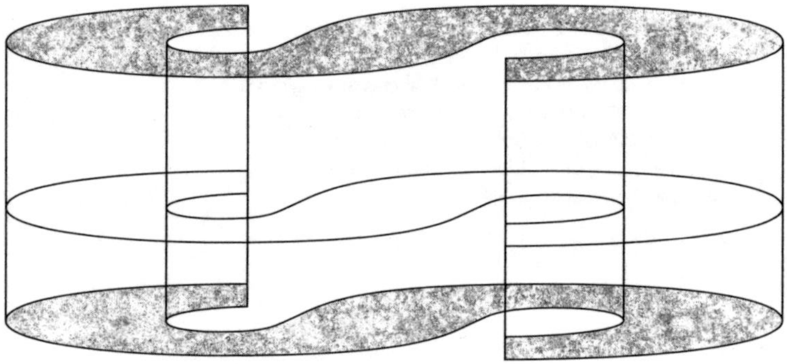

Les salons littéraires ont connu un développement croissant entre le XVIIe et la première moitié du XXe siècle, avant de décliner rapidement puis de disparaître, fortement concurrencés par l'émergence d'une société de loisirs.

Historiquement réservés aux bourgeois et aux nobles, les salons littéraires étaient des lieux fermés, difficiles à intégrer sans y avoir été invité ou du moins recommandé. Les personnalités importantes du monde des lettres, des arts ou de la politique s'y côtoyaient. C'est dans ces salons, majoritairement tenus par des femmes de la haute société, que s'est développé l'art de la conversation et que se jouait la vie littéraire et culturelle du pays. On y débattait de l'actualité, on y lisait et commentait les dernières parutions, et on y donnait même parfois des pièces de théâtre. Lieux d'une activité intellectuelle foisonnante, les salons contribuaient à influencer l'opinion de leur époque – la diffusion des idées des Lumières, au XVIIIe siècle, leur doit beaucoup.

Les salons littéraires ont connu leur âge d'or au XIXe siècle : celui de Mme de Récamier, par exemple, a accueilli des personnalités de la stature d'Honoré de Balzac, de Victor Hugo ou d'Alfred de Musset. Certains salons ont même vu naître des auteurs tels que Marcel Proust. En ce sens, les cénacles de cette époque étaient indissociables de la figure du grand écrivain, inaccessible au grand public.

Aujourd'hui, les salons perdurent, mais sous des formes bien différentes de ces cercles d'initiés. Désormais démocratisés, ils accueillent un large public désireux de découvrir la production des éditeurs et de rencontrer auteurs et autrices, à l'occasion de débats ou de dédicaces. De plus en plus nombreux et variés, généralistes ou spécialisés, les salons du livre ne se concentrent plus uniquement à Paris ou dans sa périphérie. Souvent impulsés par les mairies, dans une logique de dynamisation de la vie culturelle, les salons communaux ont une dimension territoriale et contribuent à faire connaître au grand public des maisons d'édition locales. D'autres salons proposent une approche thématique, regroupant auteurs et éditeurs spécialisés, et bénéficient pour certains d'une reconnaissance nationale, voire internationale. Parmi les plus célèbres, citons le Festival d'Angoulême, consacré à la bande dessinée, Quais du polar à Lyon, le Salon du livre et de la presse jeunesse à Montreuil, Les Rendez-vous de l'histoire à Blois ou encore Lire en poche à Gradignan.

Catégorie à part, les foires internationales du livre – celles de Francfort ou de Bologne (consacrée au livre jeunesse), notamment – sont réservées aux professionnels, qui viennent y acheter les droits des ouvrages étrangers appelés à rejoindre leur catalogue.

Tous ces salons ont cependant un point commun : le travail du libraire. Autrefois exclu des cercles littéraires, celui-ci est désormais indissociable de ces manifestations organisées sur l'ensemble du territoire. Au cœur de ces salons, dont ils tiennent les stands, les libraires sont aussi à l'origine de certains événements, insufflant ainsi à toute la ville un dynamisme culturel et économique non négligeable. C'est par exemple le cas du Festival America, à Vincennes, ou du Festival des livres d'en haut, à Lille, porté par l'association régionale de libraires et ses adhérents.

Fruits d'un travail conjoint entre les libraires et les éditeurs, les salons nécessitent une logistique rigoureuse pour le libraire qui exporte alors son savoir-faire en dehors de ses murs. Au-delà des compétences de gestionnaire, de vendeur et d'animateur qu'exige la tenue d'un stand, le salon représente un enjeu d'image important.
En facilitant la rencontre entre auteurs et grand public, la librairie s'engage fortement dans sa mission de diffusion* du livre, et s'affirme comme un acteur essentiel de la vie littéraire et culturelle de son époque.

Tentaculaire

Qui possède des tentacules. Au figuré :
qui se développe dans toutes les directions.

Le libraire est un poulpe. À l'instar de ce céphalopode aux étonnantes capacités de déduction, de mémorisation et d'apprentissage, il doit faire preuve d'une grande polyvalence. Il jongle avec de nombreuses compétences, des tâches multiples et variées. Le libraire est à la fois lecteur, chroniqueur, vendeur, gestionnaire, manutentionnaire, étalagiste, animateur et manager. S'il existe autant de manières d'exercer le métier que de points de vente, ces huit tentacules-là sont indispensables.

Le tentacule le plus évident est celui de lecteur. Motivé en premier lieu par la passion des textes, le libraire lit souvent de tout, sans distinction de genre. Son quotidien est rythmé par une veille constante, aussi bien éditoriale et culturelle que sociétale. La librairie est un lieu central de la cité, où se retrouvent les enjeux du moment. Dans les publications comme dans les échanges avec la clientèle, le libraire identifie ces enjeux, voire les anticipe, parfois. La curiosité est donc une qualité primordiale pour assurer cette vigilance permanente.

Dans un deuxième temps, le libraire endosse aussi le rôle clé de chroniqueur. En s'appuyant sur sa grande connaissance des catalogues des maisons d'édition, il accompagne les lecteurs dans leurs choix. Pour cela, il adopte une lecture professionnelle, relevant des arguments de vente, faisant des liens entre les différents ouvrages. Son argumentation s'aiguise de jour en jour, à travers conseils* et coups de cœur. Parfois, il est également invité à chroniquer des ouvrages dans la presse, à la radio, voire à la télévision.

Cependant, son activité de chroniqueur ne se distingue guère de celle de vendeur. Le cœur du métier de libraire, c'est la relation avec le client et la communication. En librairie, l'acte de vente est un partage de goûts, un échange souvent passionné. S'il est peu médiatisé, un livre doit être conseillé pour trouver un public. Le vendre, c'est aussi contribuer à la circulation des textes, des images, des idées, et ainsi devenir un acteur majeur de la vie culturelle.

La librairie reste avant tout un commerce, et le libraire est donc également gestionnaire : gestion financière, bien sûr, évidente lors de la vente et le suivi du chiffre d'affaires, mais aussi à plus grande échelle, à travers l'analyse financière de l'entreprise. La chaîne* du livre est complexe, les interlocuteurs sont multiples, et les enjeux diffèrent d'un acteur à l'autre : le libraire doit maîtriser les règles de chacun pour anticiper la gestion de sa librairie et sa trésorerie.

Enfin, la librairie étant un lieu à l'espace limité, la gestion très fine des stocks* et une sélection pointue des références proposées s'imposent. Une fois celles-ci réceptionnées, le libraire se fait manutentionnaire. Chaque jour, des cartons arrivent (et repartent), alimentant les rayonnages constamment rangés, après la réception des ouvrages comme au fil de l'activité quotidienne. Ces rayons sont vivants, et les livres, sans cesse manipulés.

Au-delà des étagères, les livres voyagent souvent en vitrines ou sur tables. La mise en valeur de l'objet livre est capitale pour permettre une animation continue des stocks. Le libraire devient alors étalagiste. Sa créativité s'exprime dans la réflexion sur la composition des tables, la conception du décor – la mise en scène destinée à éveiller l'intérêt du client, mais aussi à l'accompagner dans la découverte des ouvrages, en facilitant la lecture de l'offre.

Le libraire met régulièrement en avant les livres qu'il aime à travers des événements. Il joue donc un rôle d'animateur de son magasin. Rencontres avec des auteurs et autrices, clubs de lecture, ateliers ou dédicaces... les choix sont multiples, et les possibilités illimitées. Programmer ces animations demande néanmoins du temps et une communication raisonnée.

Plus la librairie est grande, moins il est envisageable de mener à bien toutes ces tâches seul. Ainsi, le libraire est souvent manager. Chef d'équipe, il doit savoir organiser le travail, recruter des profils en adéquation avec son projet et motiver ses collaborateurs au quotidien. Dès lors, il est crucial qu'il fasse preuve de compétences relationnelles et d'un bon sens de la communication avec ses salariés.

Lecteur, chroniqueur, vendeur, gestionnaire, manutentionnaire, étalagiste, animateur et manager : huit tentacules, aussi divers qu'indissociables, et faisant appel à des compétences distinctes. Tour à tour, sans transition, ces tâches sollicitent les huit lobes du cerveau, nécessitant une adaptation permanente à son environnement – comme un poulpe au fond de l'océan.

Unique

Qui est un seul, qui n'est pas accompagné par d'autres du même genre.

La librairie se caractérise par un modèle économique à part. Répondant aux mêmes exigences de rentabilité que n'importe quel autre commerce, elle bénéficie pourtant d'un cadre qui lui est propre. Soumise à un taux de TVA préférentiel, comme certains autres secteurs jugés matériellement fragiles ou produisant des biens de première nécessité, la librairie dispose également d'un fonctionnement spécifique, unique en son genre, porté par la loi Lang de 1981. Plébiscitée par l'ensemble des acteurs de la chaîne* du livre, et souvent même au-delà de nos frontières, cette loi est encore mal connue du grand public. Elle garantit pourtant à toute personne un accès équitable au livre sur la totalité du territoire, grâce au prix* unique : en effet, le prix d'un livre neuf, déterminé par l'éditeur et non par le libraire, est toujours le même, quel que soit le lieu où l'ouvrage est acheté.

Cette loi encadre également les conditions d'acquisition des livres par les libraires : des remises, fixées par les diffuseurs* selon des critères quantitatifs et qualitatifs, leur permettent d'acheter des titres qu'ils souhaitent valoriser dans leur librairie, en fonction du projet commercial qu'ils ont choisi de défendre, et donc de leur clientèle. Autre particularité de la librairie (et de la presse) : la possibilité de retourner les invendus. Ces retours* génèrent un avoir qui sera déduit de la prochaine facture fournisseur.

L'ensemble des remises cumulées forme la marge commerciale de la librairie, qui doit permettre d'assumer toutes les charges et de dégager du bénéfice. En librairie, ce dernier représente environ un pour cent du chiffre d'affaires, quand celui des autres commerces de détail avoisine plutôt les trois pour cent (voir aussi l'entrée

Camembert). Cela contribue à faire de la librairie un modèle économique à part, fragile, et nécessitant donc une excellente maîtrise des achats. Clé de voûte de la librairie, cette maîtrise implique une connaissance très fine des catalogues d'éditeurs, qui s'acquiert tout au long d'une carrière et constitue le cœur du métier. Il s'agit également de l'un des objectifs majeurs de la loi Lang : en instaurant un prix unique, l'esprit de la loi visait aussi et surtout à garantir une « bibliodiversité » en favorisant le pluralisme éditorial.

Ainsi, chaque librairie a la possibilité, sinon le devoir, de se singulariser et de proposer à sa clientèle un assortiment* unique qui conjugue titres attendus et textes plus confidentiels. Chacune compose son offre et se forge une identité spécifique, déterminée par un projet commercial construit à partir de la zone d'implantation de la librairie, de la clientèle à qui elle s'adresse, mais également des goûts et de la curiosité de chaque libraire.

C'est la multiplicité de ces identités qui fait aujourd'hui la richesse du paysage des librairies sur le territoire. Ces différents maillons forment ainsi un tissu éclectique, soutenu et défendu par tous les acteurs de l'interprofession. Les librairies françaises ont en effet la chance de bénéficier d'un réseau très structuré de soutiens, qui participe grandement au caractère unique de son modèle. Au niveau national, le ministère de la Culture apporte un appui régulier à l'ensemble du secteur, à travers des financements – ou en classant, par exemple, les librairies comme « commerces essentiels » durant la crise de la Covid-19. Le Centre national du livre (CNL), qui dépend directement du ministère, promeut le livre et la lecture à travers plusieurs dispositifs d'aides aux différents maillons de la chaîne du livre, dont les librairies.

Le Syndicat de la librairie française (SLF) représente l'ensemble des librairies auprès des acteurs institutionnels afin de défendre leurs intérêts. Il participe également à la structuration professionnelle de la branche et organise, par exemple, les Rencontres nationales de la librairie (RNL) où près de mille deux cents gens du métier se retrouvent tous les deux ans.

Fondée par des éditeurs, l'Association pour le développement de la librairie de création (Adelc) œuvre pour la défense de la création éditoriale, point de rencontre entre l'engagement des éditeurs à entretenir un catalogue qualitatif et celui des libraires à garantir une offre de fonds*. En ce sens, l'Adelc accompagne au quotidien les libraires et futurs libraires, en apportant conseils et parfois soutien financier.

D'autre part, chaque région dispose d'une direction des Affaires culturelles (Drac) et d'une agence locale consacrée à la culture, où travaillent des interlocuteurs spécifiques au livre. Riches de la connaissance de leur territoire, ceux-ci accompagnent libraires et porteurs de projet. Les associations régionales de libraires sont également très actives. Ces actrices de terrain, au plus près de ces professionnels, identifient leurs problématiques et leurs besoins. Elles fédèrent ainsi leur réseau en les rassemblant autour de projets communs, tels que la mise en place de sites internet permettant aux clients d'effectuer des réservations auprès des librairies adhérentes.

D'autres groupements à rayonnement national, souvent constitués par typologie de librairies (bande dessinée ou jeunesse, par exemple), permettent également de réunir les professionnels autour d'enjeux partagés. Enfin, il n'est pas rare que les communes apportent elles aussi un soutien aux librairies, par le biais de politiques de revitalisation du centre-ville.

Ce réseau tentaculaire encourage les libraires à partager leurs expériences et à renforcer leur professionnalisme. Il contribue, par ailleurs, à la défense du métier et de ses spécificités afin que chacun cultive sa singularité.

Vade-mecum

Expression latine signifiant « viens avec moi ».
Un vade-mecum est un guide que l'on conserve
et qui contient toutes sortes de règles
et de renseignements.

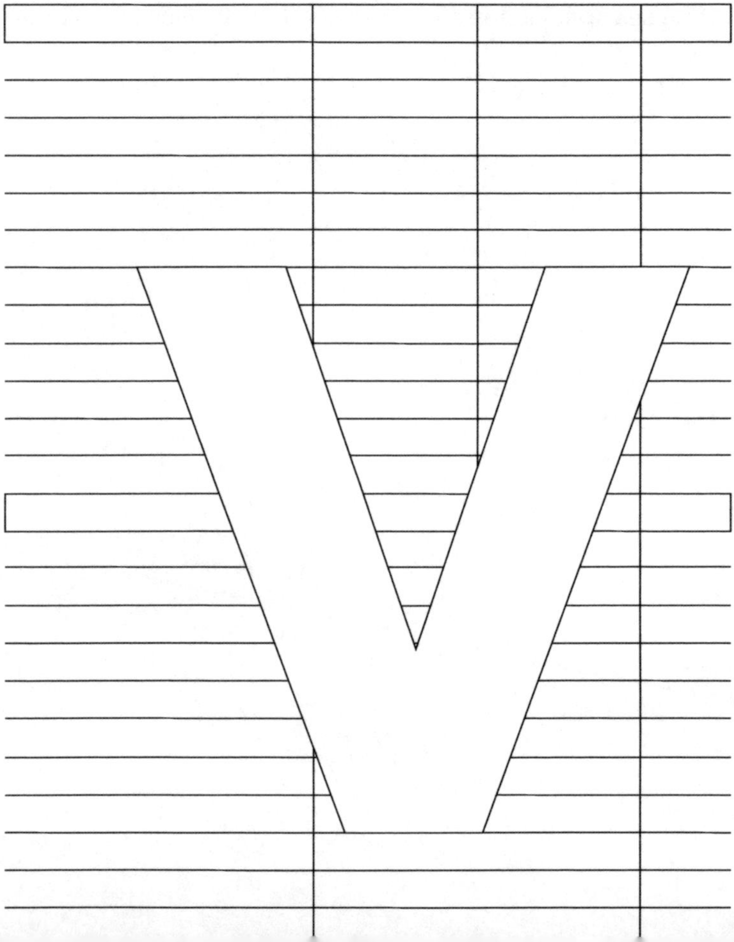

Il n'existe pas de manuel du parfait libraire, mais de nombreux outils, ressources et modes d'emploi permettent d'améliorer sa pratique.

Pour commander et vendre des livres, le libraire a besoin de les connaître. Comme il ne peut être au fait de toutes les références de tous les catalogues de tous les éditeurs, il va opérer des choix par affinité, en adéquation avec l'identité de sa boutique, guidé par le représentant* dont la mission est de lui livrer la substantifique moelle desdits catalogues. D'une manière générale, l'ensemble des autres acteurs de la chaîne* du livre constitue pour le libraire une somme de ressources significatives, humaines qui plus est.

Face à la quantité de livres existants, les bases de données informatisées en sont également une précieuse : Electre, très partagée dans son usage avec les bibliothécaires, permet d'avoir accès à la totalité des livres publiés en France, d'obtenir des informations concernant n'importe quel ouvrage sur le fond (auteur, contenu…) et la forme (nombre de pages, poche ou grand format…). On peut ainsi savoir si un livre est toujours disponible, s'il est en réimpression ou épuisé chez un éditeur. Ce précieux outil, qui a pour nom complet Electre Data Services, est l'un des trois pôles de la société Electre, englobant aussi *Livres Hebdo* et les Éditions du Cercle de la librairie.

Autre ressource essentielle du libraire, le magazine *Livres Hebdo* (en version papier depuis 1979, également en ligne depuis 2006), destiné aux professionnels du livre. Périodique de référence, il offre une large variété d'articles sur l'actualité et l'économie du livre. Enfin, dernier pôle de la société Electre, les Éditions du Cercle de la librairie (fondé en 1847 en tant que syndicat patronal français des industries du livre) impriment depuis 1856 une liste complète des ouvrages parus en France chaque année. Une pratique qui remonte à un décret de 1811, sous le Premier Empire, alors destinée à garder un œil sur les publications dans le cas où elles contiendraient des critiques du régime. Au-delà de cet objectif de censure, heureusement obsolète, cette bibliographie permet de compiler dans un même recueil l'ensemble des ouvrages publiés et donc mis au dépôt légal annuellement.

Désormais, cette liste est actualisée chaque jour au sein d'Electre Data Services. À l'heure où la quantité d'informations ne peut plus être traitée par de seuls êtres humains, le rôle des données numériques est primordial. À ce titre, l'institut allemand GfK (Gesellschaft für Konsumforschung, « société d'étude de la consommation ») est précieux pour le libraire, puisqu'il publie les palmarès des ventes de livres, secteur par secteur, et propose une analyse des données.

À l'échelle nationale et encore plus proches du terrain, les bases de Datalib (créée en 2003 et propriété de l'Adelc) et de l'Observatoire de la librairie (développée par le Syndicat de la librairie française depuis 2015) jouent un rôle essentiel. Alimentées par les librairies adhérentes, elles collectent et rendent accessibles au quotidien les ventes, les achats et les retours* réalisés par de nombreuses librairies indépendantes. Ce fonctionnement collaboratif met en évidence l'importance des groupements de libraires dans la constitution des outils et des ressources. Bien souvent, les bonnes pratiques s'acquièrent par le partage entre pairs. Les groupements de libraires prennent diverses formes et répondent à des objectifs variés, notamment en matière commerciale ou de communication. Citons par exemple Sorcières (librairies spécialisées en jeunesse), Canal BD (groupement national de librairies spécialisées en bande dessinée), Paris Librairies ou Libraires ensemble.

Internet a, dès la fin du xxe siècle, révolutionné le référencement des données et la mise en réseau des acteurs de la librairie. Ainsi, Dilicom, outil incontournable de l'interprofession, a mis en place depuis 1989 une infrastructure mutualisée proposant l'Échange de données informatisé (EDI) – base de données bibliographiques et dispositifs de transmission des commandes (voir aussi l'entrée Illico presto).

Ce ne sont là que quelques-uns des outils dont disposent les libraires, qui bénéficient aussi des ressources offertes par d'innombrables acteurs : organismes de formation* professionnelle pour renforcer ses savoir-faire, Centre national de la librairie (CNL), Syndicat national de l'édition (SNE), Association pour le développement de la librairie de création (Adelc), Syndicat de la librairie française (SLF), agences régionales du livre...
Ces structures ont pour mission, pour tout ou partie, d'accompagner les libraires dans leurs activités, en les soutenant par des aides logistiques et financières.

Ainsi, la profession a su, tout au long de son histoire, se doter de moyens adaptés aux enjeux de son époque, pour travailler au mieux. Ce sont les vade-mecum du libraire.

Web

Anglicisme. Ensemble des données reliées par des liens hypertextes, sur Internet. Synonyme : Toile.

« Les librairies virtuelles, ça marche ! On peut commander toutes sortes de livres sur Internet. Les libraires traditionnels doivent-ils s'en inquiéter ? » se demandait *L'Express* en juin 1999[14]. La démocratisation de l'utilisation d'Internet a en effet suscité de nombreuses inquiétudes dans la profession – la vente en ligne s'est par la suite popularisée pour tous types de produits. Et pourtant, près d'un quart de siècle après cet article, elle ne représente qu'environ vingt pour cent des ventes de livres en France, une part qui reste globalement constante.

Comment expliquer cette stabilité, lorsque la plupart des commerces physiques sont durement touchés ? En partie, d'abord, par l'existence de la loi Lang (1981), qui réduit drastiquement la notion de concurrence sur le livre et dont les prérogatives se sont élargies aux e-books en 2010 – depuis, la vente en ligne de livres a fait l'objet de nouvelles réglementations. Dans le viseur des législateurs, Amazon. Jusqu'en 2014, la plateforme de vente en ligne cumulait une remise automatique de cinq pour cent et la gratuité des frais de port pour tout achat de livre : un ouvrage commandé et livré à domicile par la librairie se révélait donc souvent plus cher que le même livre acheté en ligne. Afin de contourner ce problème, une adaptation de la loi Lang supprime alors l'application des cinq pour cent et les frais de port gratuits lors d'un achat en ligne avec livraison : « Lorsque le livre est expédié à l'acheteur et n'est pas retiré dans un commerce de vente au détail de livres, le prix* de vente est celui fixé par l'éditeur ou l'importateur. Le service de livraison du livre ne peut en aucun cas, que ce soit directement ou indirectement, être proposé par le détaillant à titre gratuit, sauf si le livre est retiré dans un commerce de vente au détail de livres[15]. »

La loi Darcos, votée en 2021 et entrée en vigueur fin 2023, va plus loin et impose un minimum de frais de port de trois euros pour toute commande de livres neufs inférieure à trente-cinq euros.

Au-delà de cet impact sur le marché du livre, le Web a modifié la façon d'écrire et de publier des textes. De nombreux auteurs ont ainsi pu rencontrer leur public avant de trouver un éditeur. Parmi eux, citons E. L. James pour *Cinquante Nuances de Grey*, d'abord diffusé sur le site internet de l'autrice, ou Sarah Rivens pour *Captive*, issu du portail Wattpad. Accessibles à tous, ces plateformes d'écriture permettent de se faire connaître et de partager toutes sortes de récits – notamment de romance et plus récemment de *romantasy* – avec sa communauté. Et parfois de signer un contrat avec une maison d'édition.

La démocratisation de l'usage d'Internet a également transformé la nature même des assortiments*. L'accès immédiat à des recherches encyclopédiques a généré une baisse graduelle du chiffre d'affaires des secteurs dictionnaires, encyclopédies, scolaire, sciences et techniques. Les éditeurs ont donc progressivement réduit le nombre de publications dans ces rayons, pour se concentrer davantage sur des ouvrages de vulgarisation ou de sciences humaines. Par conséquent, les rayons des librairies se sont rééquilibrés.

Enfin, au lieu de se laisser menacer par Internet, les libraires ont choisi de l'intégrer à leur quotidien, et, petit à petit, de nombreux outils ont été installés pour optimiser leur pratique. L'un des principaux changements a été la mise en service de la base de données numériques

Electre, en 1986 (voir aussi l'entrée Vade-mecum). Avant cette date, les libraires recevaient une fois par an ce que l'on appelait « la bible Electre », proposée par les Éditions du Cercle de la librairie, gros annuaire recensant l'intégralité des livres disponibles, qui leur permettait de se tenir à jour des parutions de l'année écoulée. N'étant éditée qu'annuellement, cette bible devenait vite obsolète. La mise en ligne de la base de données et son accessibilité sur abonnement ont donc permis aux libraires de bénéficier instantanément d'une information actualisée et complète.

De la même façon, les courriels et l'Échange de données informatisé (EDI) ont révolutionné le quotidien du libraire. En 1989, une dizaine de distributeurs* créent ainsi Dilicom, plateforme de gestion des échanges de données indispensables aux flux commerciaux et logistiques, à travers des messages informatisés. Communiquant avec les logiciels de gestion, Dilicom permet aux libraires de transmettre leurs commandes en quelques clics (voir aussi l'entrée Illico presto).

Comme beaucoup d'autres professionnels, les libraires se sont également emparés d'Internet à des fins de prospection. Blogs, sites web ou réseaux sociaux... ils ont su voir dans tous ces médias en constante évolution une plateforme d'expression, une vitrine virtuelle. En renforçant leur présence numérique, ils élargissent leur clientèle potentielle. Aujourd'hui, il n'est plus nécessaire de passer devant une librairie pour savoir qu'elle existe. Mieux encore, face à la concurrence très forte de géants du e-commerce, beaucoup de libraires se sont associés ou regroupés. Depuis une quinzaine d'années, cette mutualisation a donné naissance à des portails réunissant le stock* de nombreux points de vente au niveau régional (par le biais d'associations) ou national (grâce à des sites comme Librairiesindépendantes.com, créé par le Syndicat de la librairie française, Placedeslibraires.fr ou Leslibraires.fr). Basés sur la géolocalisation, ces portails informent de la disponibilité des livres dans la librairie la plus proche. Le client achète ainsi plus efficacement que sur un site de vente en ligne, et sans frais de port.

La généralisation du Web a renforcé la technicité de la profession. Les outils se sont multipliés, et les tâches, davantage diversifiées. Toutefois, Internet a également optimisé un grand nombre d'actions, laissant ainsi au libraire du temps pour le cœur de son métier : le conseil* client et le travail des fonds*.

14
Daniel Bermond, « Le Web va-t-il tuer la librairie ? », *L'Express*, publié le 1er juin 1999, mis à jour le 16 août 2001 (https://www.lexpress.fr/culture/livre/le-web-va-t-il-tuer-la-librairie_803311.html).

15
Loi Lang, article 1, alinéa 4, daté de 2014 (modifié en décembre 2023).

Xylographie

Gravure sur bois ; estampe réalisée par cette technique. Les xylographies de Dürer.

Depuis le Ier siècle, le format codex, ancêtre du livre moderne, s'est imposé dans le monde romain. Cahier formé de pages manuscrites, le premier codex était constitué de tablettes de bois, ensuite remplacées par le parchemin. Peu encombrant, ce format se manie facilement et permet de naviguer aisément dans le texte. À l'époque, le codex n'a toutefois pas le même prestige que le volumen, rouleau de feuilles de papyrus, alors bien intégré dans les usages. Il n'est pas considéré comme un vrai livre. Douce ironie lorsque l'on pense à nos livres d'aujourd'hui.

En Europe, le livre n'évolue pas pendant des siècles, jusqu'à l'invention de l'imprimerie. Le 23 février 1455 (date retenue pour la postérité), Gutenberg finalise l'impression de sa Bible latine à quarante-deux lignes par page. Il s'agit du premier livre imprimé à l'aide de caractères mobiles. Dès lors, le rapport au livre change totalement. Auparavant objet rare, il devient produit industriel, pouvant être reproduit à la demande. Son coût baisse, permettant une plus large diffusion. C'est le point de départ de la popularisation du livre dans les foyers.

Si les techniques ont évidemment évolué, il est primordial de noter que le livre papier n'a pas connu de transformation majeure depuis près de six cents ans. Nous utilisons encore majoritairement le format codex, composé de cahiers de papier cousus ou collés entre eux et paginés. Même dématérialisé, le livre continue de s'apparenter au codex ! Aujourd'hui, un e-book reste paginé, avec un format vertical et une maquette semblable à celle d'un ouvrage papier. Les tentatives pour sortir de ces sentiers battus peinent à se propager, et la plupart des livres numériques vendus respectent cette mise en page.

Cependant, en librairie, une grande variété d'ouvrages rivalisent de créativité pour mettre en valeur le texte comme l'image. Les domaines de la jeunesse, de la bande dessinée, des beaux-arts ou du pratique réinventent en permanence l'objet livre. Secteur particulièrement créatif, la jeunesse explore sans cesse les possibilités de fabrication, de maquette et de format, proposant des albums géants, des livres en tissu ou pour le bain, des livres-jeux ou sonores, ou encore des pop-ups d'artistes extrêmement élaborés.

Désormais omniprésent dans les foyers, le livre de poche a constitué en son temps une petite révolution culturelle et sociale, mais aussi esthétique et technologique. Dès sa popularisation, dans les années 1950, les éditeurs et le public s'en sont emparés. Au départ objet bon marché de moindre qualité, il est aujourd'hui traité avec les mêmes égards que la première édition – maquette intérieure soignée, couverture très graphique, bandeau promotionnel, édition limitée, coffret...

Ces évolutions ont des implications concrètes en librairie. S'il est facile de réaliser une table d'ouvrages au format standard ou de les ranger en rayons, ces opérations se compliquent avec des livres de diverses dimensions. Le libraire est alors confronté à de nombreuses problématiques, à commencer par l'adaptation du mobilier, qui se répercute sur la rentabilité des rayons. Ainsi, beaucoup de librairies ont longtemps adopté la « pochothèque », rayon permettant une optimisation du rangement. Aujourd'hui, les libraires privilégient l'interclassement poches/grands formats. Les étagères, plus hautes, sont donc plus espacées, et une seule bibliothèque contient moins de volumes. La rentabilité au mètre carré pourrait en sembler altérée, mais bien souvent l'interclassement et le marchandisage* qui l'accompagne suscitent une curiosité de la part des lecteurs, qui contribue à augmenter le panier moyen. Aux rayons bande dessinée ou jeunesse, par exemple, on peut privilégier une présentation en bacs, facilitant ainsi la manipulation des albums.

La conception des rayons et leur évolution peuvent être un véritable casse-tête au quotidien, à l'ouverture d'une librairie et tout au long de son existence. De fait, la variété des formats a des conséquences insoupçonnées sur la gestion d'une librairie, mais elle offre un incroyable matériau pour les libraires et les lecteurs.

Zone

Étendue de terrain, espace d'une région, d'une ville, d'un pays, etc., définis par certaines caractéristiques.

La réussite d'une librairie tient à plusieurs critères – qualité de l'assortiment*, professionnalisme de l'équipe, animation du point de vente –, tous susceptibles de créer un lien durable avec la clientèle. Un autre élément, tout aussi essentiel, est l'emplacement. Pour évidente qu'elle paraisse, cette condition se heurte à un faisceau de données particulièrement complexes, regroupées sous l'expression bien connue de « zone de chalandise* ». Deux prismes d'observation, étroitement liés, sont nécessaires pour évaluer les comportements d'achats dans une zone spécifique : le périmètre géographique et la sociologie des habitants.

La dernière enquête de l'Insee sur le budget des ménages indique que la moyenne des dépenses annuelles affectée aux livres est de cent dix-sept euros. À titre de comparaison, les ménages consacrent par exemple huit cent quatre-vingt-quatorze euros aux vêtements et soixante-deux euros aux pâtes alimentaires. Cependant, ces dépenses diffèrent parfois de manière importante selon les catégories socioprofessionnelles et les régions de résidence. Ainsi, chez les employés, la moyenne nationale des dépenses de livres est de quatre-vingt-six euros, tandis qu'elle est de deux cent quarante-neuf euros chez les cadres. Dans la région Est, elle est de cent onze euros, mais grimpe à cent soixante et un euros en région parisienne. Si précieuses soient-elles, ces informations ne sont pourtant pas suffisantes pour évaluer la pertinence d'un emplacement. En effet, la moyenne calculée pour une région ne dit pas grand-chose sur le niveau de vie d'une ville ou d'un quartier en particulier. Dans un second temps, il convient de cibler avec plus de précision la zone choisie, en s'appuyant sur les indicateurs de distribution des revenus. Ceux-ci peuvent varier sensiblement entre deux communes voisines (en région parisienne, par exemple), ou entre deux quartiers d'une ville, même de taille moyenne. La répartition des âges de la population représente un critère dont il faudra également tenir compte, sachant qu'entre quarante-cinq et cinquante-quatre ans, le budget consacré aux livres est plus important qu'entre vingt-quatre et trente-cinq ans (cent quarante-six euros contre cent cinq euros). À ce stade déjà avancé de la réflexion, l'étude de marché reste toutefois incomplète. Les données chiffrées récoltées doivent maintenant être mises à l'épreuve de l'observation de l'environnement immédiat de la future librairie, observation qui a tout intérêt à se faire *in situ*. L'analyse du contexte général – économique, social, culturel – se matérialise dans les aspects purement pratiques de la vie quotidienne : les accès au point de vente, les transports, la circulation, la typologie des commerces, les établissements scolaires, les marchés alimentaires, les événements rythmant les saisons, etc. Ainsi, le comptage du passage des piétons devant le local visé est un indicateur fondamental : il permet d'évaluer le chiffre d'affaires potentiel, de calculer le montant et le volume du stock* et donc de définir sa politique commerciale. Enfin, il va de soi qu'une étude de marché prend également en compte la concurrence existante, afin d'estimer au mieux la part de marché disponible, mais aussi de concevoir un assortiment judicieux.

Pour affiner encore l'offre commerciale, des ressources sont accessibles auprès d'organismes tels que le Syndicat de la librairie française, le Centre national du livre, l'Association pour le développement de la librairie de création, le Syndicat national de l'édition, le ministère de la Culture (section « Livre et lecture »), les Agences régionales du livre ou les associations de librairies. Les rapports et chiffres clés sont riches d'enseignements sur les tendances récentes du marché et sur les nouveaux comportements d'achats. Nourris d'informations remontées par l'activité quotidienne des librairies ou d'enquêtes menées auprès du public (par exemple, « Les Français et la lecture[16] », « La clientèle des librairies indépendantes[17] »), tous ces rapports enrichissent avantageusement les données fournies par l'Insee.

Si elle apporte de solides éléments pour évaluer un marché, l'observation de la zone de chalandise à un instant T n'est néanmoins pas une science exacte. Une fois la librairie implantée, une multitude d'aléas sont susceptibles de bouleverser un prévisionnel. Ces imprévus peuvent être conjoncturels : des travaux décidés par la commune perturbant l'accès au magasin et ayant un impact momentané sur la fréquentation, une crise sanitaire favorisant au contraire l'activité des commerces de proximité. Ils peuvent devenir structurels : la même crise sanitaire redessinant la carte et la sociologie du territoire, le télétravail facilitant l'usage de la résidence secondaire et modifiant les habitudes de consommation. Pour le dire autrement, toute librairie est susceptible de réévaluer son offre en fonction des attentes de la clientèle qui, par nature, sont changeantes.

L'exemple du pass Culture, à cet égard, est éloquent. Ce dispositif mis en place en 2022 auprès des jeunes de quinze à dix-huit ans a favorisé le boom historique du manga, lequel a redistribué les cartes du marché éditorial en faisant monter au deuxième rang le secteur de la bande dessinée, juste derrière la littérature et devant la jeunesse et les sciences humaines. Certaines librairies ont alors rééquilibré les espaces en investissant, parfois, dans un mobilier plus approprié. Le dispositif a aussi montré que ces jeunes étaient de grands consommateurs de livres[18]. Une enquête datée d'avril 2023 relève que « neuf bénéficiaires sur dix réservent des livres avec leur pass Culture [...] et dépensent cinquante-quatre pour cent de leur crédit dans cette catégorie[19] ». Autre enseignement : outre le manga, les genres plébiscités sont le roman, les sagas littéraires, le développement personnel et la science-fiction. L'enquête indique enfin que le pass Culture a fait découvrir à ces jeunes « des lieux de lecture à proximité de chez eux » et que, dans une forte proportion, ils souhaitent s'y rendre à nouveau. Que demander de plus ?

16
Baromètre « Les Français et la lecture, résultats 2023 », ministère de la Culture/Centre national du livre/Ipsos, avril 2023 (https://centrenationaldulivre.fr/actualites/barometre-les-francais-et-la-lecture-2023).

17
« Étude de la clientèle des librairies indépendantes », L'ObSoCo/Syndicat de la librairie française, juin 2022 (https://lobsoco.com/wp-content/uploads/2022/08/LObSoCo_SLF_Etude-de-la-clientele-des-librairies-independantes_2022_Rapport-detaille.pdf).

18
Cependant, la récente étude « Les jeunes Français et la lecture en 2024 », Centre national du livre/Ipsos, avril 2024 (https://centrenationaldulivre.fr/donnees-cles/les-jeunes-francais-et-la-lecture-en-2024) modère celle consacrée au pass Culture..

19
« Le livre sur le pass Culture : tour d'horizon des pratiques des jeunes » (https://www.syndicat-librairie.fr/sites/default/files/upload/report/pratiques-et-usages-autour-du-livre-l-04-23.pdf).

Glossaire

Assortiment

L'assortiment d'une librairie est l'ensemble des livres proposés à la vente. Il se caractérise par sa largeur (nombre de secteurs et de rayons), sa profondeur (sous-rayons et nombre de références) et constitue une sélection plus au moins dense, choisie avec soin parmi la totalité de la production disponible, couvrant un large éventail de genres et de thématiques. La politique d'assortiment a un double objectif : répondre aux besoins de sa clientèle et définir son identité. En librairie, on parle aussi de « fonds », élément essentiel de cette identité, qui reflète les orientations et les domaines de spécialisation du point de vente.

Chaîne du livre

Voir Métiers du livre

Chalandise (zone de)

La zone de chalandise d'un commerce est le secteur géographique d'où provient la majorité de sa clientèle. En d'autres termes, c'est la zone d'influence commerciale du point de vente, comprenant les clients actuels de la librairie, mais aussi les clients potentiels habitant cette zone.

Circuits de vente

Les circuits de vente des livres sont les différents canaux par lesquels ceux-ci sont distribués au grand public, soit les librairies (avec une part de marché de vingt-deux virgule neuf pour cent, selon les derniers chiffres du Syndicat national de l'édition), les grandes surfaces spécialisées (Fnac, Cultura, Espaces culturels Leclerc… : vingt-sept virgule sept pour cent), les grandes surfaces alimentaires (super- et hypermarchés : dix-huit virgule sept pour cent) et toute la vente en ligne (vingt et un virgule neuf pour cent). Le reste (huit virgule huit pour cent) se répartit entre le courtage, les clubs, certains salons…

Conseil

En librairie, le conseil est le processus qui consiste à aider les chalands à trouver les livres qu'ils recherchent ou qu'ils pourraient apprécier, et à rendre leur visite unique et mémorable. Il s'agit d'une compétence indispensable pour les libraires, contribuant à fidéliser la clientèle.

Diffusion

La diffusion désigne l'ensemble des opérations commerciales réalisées par les maisons d'édition à l'intention des libraires. Avec l'éditeur, ces derniers décident notamment du nombre d'exemplaires à mettre en place dans les points de vente.
Les représentants de l'éditeur sont les premiers interlocuteurs des libraires, qu'ils accompagnent dans le travail des catalogues, auxquels ils présentent les titres à paraître, avec qui ils négocient les conditions commerciales…
La diffusion coexiste parfois avec la distribution au sein d'une même structure.

Distribution

Le distributeur assume deux fonctions principales : la logistique – la préparation et le transport des livres depuis les entrepôts vers les points de vente, ainsi que les retours – et la gestion des flux financiers – facturations, avoirs, recouvrement…

Fonds

Voir Assortiment.

Formation

Il existe des formations spécifiques pour devenir libraire, soit en formation initiale (brevet professionnel, licence professionnelle, master...), soit en reconversion. Les libraires en activité peuvent également suivre des formations continues pour acquérir de nouvelles compétences ou se perfectionner.

Lectorat

Le lectorat est l'ensemble des lecteurs d'un auteur, d'un livre ou d'une publication. Il peut être défini par des critères démographiques (âge, sexe, profession, niveau d'éducation, localisation géographique, etc.) et socioculturels (intérêts, valeurs, croyances, etc.). Les données de l'Insee et les enquêtes sur les pratiques de lecture offrent un panorama des comportements d'achat potentiels dudit lectorat.

Marchandisage

Ensemble des techniques mettant en scène les ouvrages, les thématiques, les auteurs, les rayons, etc. Le marchandisage vise à rendre le lieu attractif et à susciter l'envie d'achat chez les clients.

Métiers du livre

Les métiers du livre sont les professions constituant la chaîne du livre. Ils contribuent à la création, à la fabrication, à la distribution et à la diffusion des livres, et sont principalement les auteurs, illustrateurs, traducteurs, correcteurs, iconographes, éditeurs, imprimeurs, diffuseurs, distributeurs, libraires et bibliothécaires.

Prix unique

En France, le prix unique du livre est régi par la loi Lang du 10 août 1981. Cette loi prévoit que le prix de vente au public des livres est fixé par l'éditeur et ne peut faire l'objet d'un rabais supérieur à cinq pour cent en magasin. La loi Lang a été adoptée dans le but de favoriser l'accès à la culture et de protéger les consommateurs.

Représentant

Le représentant d'une maison d'édition ou d'une structure de diffusion est un professionnel chargé de promouvoir et de vendre les livres d'une ou plusieurs maisons d'édition auprès des librairies et autres points de vente.

Relation libraire

Il s'agit au départ d'une fonction informelle au sein des maisons d'édition qui est devenue, en quelques années, un métier à part entière, au même titre que celui d'attaché de presse ou de représentant. Interlocuteur privilégié des libraires, rattaché à une maison d'édition ou indépendant, le ou la relation libraire contribue à la promotion de certains ouvrages en envoyant des services de presse, du matériel promotionnel, ou encore en facilitant l'organisation d'une rencontre.

Retour

En France, les librairies peuvent renvoyer au fournisseur les invendus. Ce système dit des « retours » repose sur le principe suivant : le libraire reçoit les livres que lui propose le diffuseur et les paie ; il dispose ensuite d'une période de retour (généralement de trois mois à un an) pour renvoyer les ouvrages ; il obtiendra alors un avoir à déduire des prochaines factures.

Rotation

En librairie, la rotation désigne la vitesse à laquelle le stock de livres se renouvelle, ou encore le nombre de fois où les livres sont vendus dans l'année. Le taux de rotation est généralement exprimé en nombre de fois par an. Par exemple, un taux de rotation de quatre signifie que le stock de livres est renouvelé quatre fois par an, ou qu'il faut en moyenne quatre-vingt-dix jours pour vendre un livre.
Indicateur important pour la gestion d'une librairie, ce taux mesure la performance commerciale et précise si le stock est adapté à la clientèle.

Signalétique

Ensemble d'informations visuelles qui permettent aux clients de se repérer facilement dans l'espace et de trouver les livres qu'ils recherchent. La signalétique joue un rôle important dans l'expérience client et peut contribuer à augmenter les ventes.

Stock

Le stock est l'ensemble des livres qu'une librairie possède et propose à la vente. Élément essentiel de son activité, il doit être suffisamment diversifié pour répondre aux besoins de la clientèle, tout en étant assez limité pour ne pas générer d'inutiles coûts de stockage. La gestion du stock est une tâche complexe, qui nécessite une connaissance éclairée du marché du livre, mais aussi d'acheter les bons ouvrages au bon moment, de maintenir un stock équilibré et de gérer les retours, le tout en adéquation avec le niveau de trésorerie de la librairie.

Bibliographie indicative

Association pour l'écologie du livre, *Le livre est-il écologique ? Matières, artisans, fictions*, Wildproject, 2020

Pierre Assouline, *Gaston Gallimard. Un demi-siècle d'édition française*, Gallimard, coll. « Folio », 2006

Sara Ayad, Roderick Cave, *Une histoire mondiale du livre. De la tablette d'argile au livre numérique*, Armand Colin, coll. « Hors collection », 2015

Bernard Banoun, Isabelle Poulin et Yves Chevrel (dir.), *Histoire des traductions en langue française, xxe siècle*, Verdier, 2019

Françoise Benhamou, *L'Économie de la culture*, La Découverte, coll. « Repères », 2011

Jorge Carrión, *Librairies. Itinéraires d'une passion*, Seuil, 2016

Centre national du livre/Ipsos, « Les Français et la lecture », 2023 (https://centrenationaldulivre.fr/donnees-cles/les-francais-et-la-lecture-en-2023)

Vincent Chabault, *Éloge du magasin. Contre l'amazonisation*, Gallimard, coll. « Le Débat », 2020

Robert Darnton, *Apologie du livre. Demain, aujourd'hui, hier*, Gallimard, coll. « Folio essais », 2012

François Dosse, *La Saga des intellectuels français*, 2 tomes, Gallimard, coll. « Folio histoire », 2024

Éric Dussert, Christian Laucou, *Du corps à l'ouvrage. Les mots du livre*, La Table ronde, 2019

Jean Echenoz, *Jérôme Lindon*, Éditions de Minuit, 2001

École de la Librairie (sous la direction d'Olivier L'Hostis, Caroline Meneghetti et Jean-Christophe Millois), *Le Métier de libraire*, Dunod, à paraître

Serge Eyrolles, *Les Cent Mots de l'édition*, PUF, coll. « Que sais-je ? », 2009

Silvia Ferrara, *La Fabuleuse Histoire de l'invention de l'écriture*, Seuil, coll. « Points », 2022

Hervé Gaymard, *Pour le livre. Rapport sur l'économie du livre et son avenir*, Gallimard/La Documentation française, coll. « Hors-série Connaissance », 2009

François Gèze, *La Double Nature du livre. Quatre décennies de mutations dans la « chaîne du livre »*, Les Belles Lettres, coll. « Le Goût des idées », 2023

L'ObSoCo, *« Étude de la clientèle des librairies indépendantes – Comprendre l'impact de la crise sanitaire »*, juin 2022 (https://lobsoco.com/etude-de-la-clientele-des-librairies-independantes/)

Albert Labarre, *Histoire du livre*, PUF, coll. « Que sais-je ? », 2001

Caroline Meneghetti et Jean-Christophe Millois, *La Boîte à outils du libraire*, Dunod, 2020

Jean-Yves Mollier, *Histoire des libraires et de la librairie*, Imprimerie nationale/Actes Sud, 2021

Jean-Yves Mollier, *Où va le livre ?*, La Dispute, coll. « États des lieux », 2007

Adrienne Monnier, *Rue de l'Odéon*, Albin Michel, 2009

Michel Ollendorff, *Le Métier de libraire*, 2 tomes, Le Cercle de la Librairie, coll. « Les métiers de », 2008

Élisabeth Parinet, *Une histoire de l'édition à l'époque contemporaine, XIXe-XXe siècles*, Seuil, coll. « Points Histoire », 2004

Daniel Pennac, *Comme un roman*, Gallimard, coll. « Folio », 1995

Vincent Puente, *Le Corps des libraires. Histoire de quelques librairies remarquables & autres choses*, 2 tomes, La Bibliothèque, 2021 et 2023

Nicolas Querci, *Éditeurs de notre temps*, Médiapop édition, 2023

Martine Reid (dir.), *Femmes et littérature. Une histoire culturelle*, 2 tomes, Gallimard, coll. « Folio essais », 2020

Maël Renouard, *Éloge des librairies*, Rivages, coll. « Rivages poche Petite Bibliothèque », 2022

Patricia Sorel, *Petite Histoire de la librairie française*, La Fabrique éditions, 2021

Patricia Sorel et Frédérique Leblanc (dir.), *Histoire de la librairie française*, Le Cercle de la Librairie, 2008

Syndicat de la librairie française, *Propos sur le métier de libraire. Conversations sur le commerce des livres*, 2013

Christian Thorel, *Essentielles Librairies*, Gallimard, coll. « Tracts », 2021

Irene Vallejo, *L'Infini dans un roseau. L'invention des livres dans l'Antiquité*, Les Belles Lettres, 2021

Éric Vigne, *Le Livre et l'Éditeur*, Klincksieck, coll. « 50 questions », 2008

Michel Volkovitch, *Verbier. Herbier verbal à l'usage des écrivants et des lisants*, Éditions Maurice Nadeau, 2000

Xerfi, « La Situation économique et financière des librairies indépendantes », juillet 2022 (https://www.syndicat-librairie.fr/sites/default/files/upload/report/la-situation-economique-et-financiere-des-librairies-independantes-etu.-1.pdf)

Éditions Gallimard

Partenariats

Franck Fertille
direction des partenariats

Violaine Gérard
suivi de projet

Fanny Le Borgne
préparation de copie et correction

Direction artistique

Anne Lagarrigue
directrice artistique

Cécile Joly
conception graphique et mise en page

Fabrication

Sylvie Deniau

Ouvrage composé en Saans et en Swear Display, achevé d'imprimer en mai 2024 sur Bouffant Médiopaque G 80 g (intérieur) et en Symbol Card 240 g (couverture) par Corlet Imprimeur à Condé-en-Normandie, Calvados

Numéro d'imprimeur : 24040515

Le papier de cet ouvrage est composé de fibres naturelles, renouvelables, recyclables et fabriquées à partir de bois provenant de forêts gérées durablement.

Dépôt légal : juin 2024
ISBN : 978-2-07-307141-5
Numéro d'édition : 633366
Imprimé en France